VOYAGE

COSMOGRAPHIQUE.

VOYAGE

COSMOGRAPHIQUE,

OUVRAGE DÉDIÉ A LA JEUNESSE;

Par le Professeur Schaefer, Instituteur
des Pages de S. M. le Roi de Prusse;

TRADUIT DE L'ALLEMAND,

Et considérablement augmenté dans la partie
historique, par le cit. H. L.-St.-J.

TOME PREMIER.

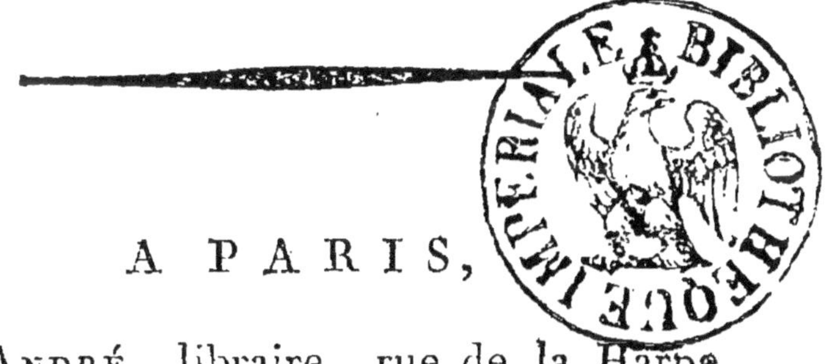

A PARIS,

Chez André, libraire, rue de la Harpe,
N° 477.

An 10, (1802).

PRÉFACE

DU

TRADUCTEUR.

J'ÉTAIS en Allemagne lors de la publication de l'ouvrage dont j'ai entrepris la traduction. Le nom de son auteur faisait augurer le succès qu'il devait avoir ; je fus témoin de celui que lui procura son mérite réel. M. le professeur Schaefer, instituteur des pages du roi de Prusse, pour la partie géographique, ayant remarqué combien la sécheresse des méthodes ordinaires était peu propre à exciter le goût et l'émulation de ses élèves, chercha à donner de l'intérêt à une étude, qui d'ordinaire en offre si peu. Il imagina de faire voyager ses jeunes gens sur toute la surface du pays qu'il veut leur faire connaître ; de leur tracer un itinéraire, au moyen duquel ils en parcourent sur la carte les diverses contrées ; de leur faire observer tout ce qui est remarquable, d'offrir par-tout à l'imagination des objets assez intéressans pour la fixer, et d'éviter tout ce qui la fait languir. Le roi accuellit son ouvrage, et les écoles l'adoptèrent. J'ai cru que n'en ayant point de semblable dans notre langue, l'instruction publique ne pourait que gagner à le posséder.

La France est, sans contredit, le pays où la géographie est le plus négligé, et c'est peut-être celui où elle serait le plus nécessaire. La raison en est en grande partie, comme en Allemagne, dans la sécheresse de nos mé-

thodes, dans leur dénuement total d'intérêt, et dans les efforts de mémoire
qu'elles exigent. Comment espérer,
en effet, qu'un jeune homme retienne
les noms d'une série de villes ou de
provinces, souvent très-difficiles à pro-
noncer, si vous ne fixez son attention
sur chacune d'elles par quelque par-
ticularité qui l'attache ? La multiplicité des détails topographiques répan-
dra toujours sur ces descriptions un
ennui d'autant plus insupportable,
qu'ils ne sont réellement nécessaires
que pour les géographes et les marins.

Toutes les fois que la géographie ne
devra faire que partie de l'éducation,
tout détail minutieux sera inutile et
nuisible. Il suffit à un jeune homme
de connaître en général la distribu-
tion locale des diverses contrées qui
composent un pays, leurs liaisons entre elles, le caractère et les mœurs

de leurs habitans, leurs productions et leurs rapports politiques. Tout le reste ne devient nécessaire que suivant l'état qu'il embrasse, ou lorsque le desir d'étendre ses connaissances, lui en fera rechercher de plus approfondies.

Rien n'est plus propre que le plan de cet ouvrage à remplir le but que je viens d'énoncer. Tout y est décrit avec justesse et précision. L'histoire naturelle des lieux que l'on parcourt y est traitée d'une manière élémentaire. Le détail des mœurs et usages de leurs habitans ne contient jamais de ces assertions exagérées et invraisemblables, avec lesquelles on a si long-temps abusé de la crédulité du public. Enfin, par le tableau historique des découvertes des Européens et des révolutions qu'ils produisirent dans les contrées où ils formèrent des établissemens, il met à même de comparer leur situation originaire avec celle où elles se trouvent aujourd'hui. Il montre toujours *l'homme* dans cette classe que notre orgueil a injustement avilie; et, par les réflexions d'une philosophie simple et naturelle, en même temps que l'esprit s'éclaire, il aide au cœur à raisonner.

Le hasard me fit faire connaissance en Allemagne avec un anglais du plus grand mérite, et déjà avantageusement connu dans la littérature. Il travaillait à un ouvrage classique très-étendu, dont il me communiqua le plan. En parcourant sa préface, je remarquai une période dans laquelle, non-seulement il appuyait sur la nécessité d'unir toujours l'histoire à la géographie, mais paraissait ne regarder la géographie que comme le complément de l'histoire. Cela me parut n'être pas

A 5

étranger à l'ouvrage que je traduisais,
quoique le sien eût un sujet différent;
il me permit d'insérer dans ma préface la partie de la sienne que je vais
traduire.

« Les deux sciences les plus utiles
« aux hommes civilisés, sont la géo-
« graphie et l'histoire. Ces sources fé-
« condes en connaissances et en rai-
« sonnement, offrent, à quiconque
« s'attache à leur étude, un intérêt
« toujours nouveau. Elles forment une
« partie essentielle de l'éducation mo-
« rale, parce que sans elle l'homme
« serait réduit à la sphère toujours
« étroite où la nature l'a placé.

« La géographie et l'histoire sont
« sœurs. On ne devrait jamais les en-
« seigner l'une sans l'autre; on ne le
« peut même sans manquer son but.
« La première nous transporte au-delà
« de cet horison borné qui sert de bar-

« rière à nos faibles regards ; elle nous
« fait communiquer avec les peuples
« qui se trouvent au-delà ; nous ap-
« prend à connaître leurs mœurs, leurs
« vertus et leurs vices ; et, par une
« foule d'exemples et de comparai-
« sons, nous fournit les moyens de
« devenir meilleurs. L'histoire donne,
« pour ainsi dire, au temps un effet
« rétroactif. Elle nous offre de pré-
« cieux modèles dans le souvenir des
« grands hommes, et d'importantes
« leçons dans celui des événemens.

« Quelque parfaite que puisse être
« la nature, ses simples indications ne
« suffisent pas toujours aux hommes
« pour bien agir. La civilisation, en
« établissant parmi eux de nouvelles
« lois civiles et morales, les a assujétis
« à des règles de conduite très-vagues,
« et qui les exposent à de continuelles
« erreurs. Dans le labyrinte du pré-

« sent, dans l'obscurité de l'avenir,
« qui peut nous servir de lumière et
« de guide, si ce n'est le passé ? et
« ce passé ne serait plus rien sans
« l'histoire. C'est dans les annales du
« monde, c'est dans les grands exemples
« qu'elles fournissent, que la société
« puise ces principes de législation
« qui conservent son existence ; que
« l'homme, chargé de régir un peuple,
« apprend l'art difficile de gouverner ;
« que le héros trouve ces divins mo-
« dèles qui enflamment son ame, et
« lui inspirent les grandes actions ; que
« la philosophie enfin acquiert la con-
« naissance des hommes, et cette
« science abstraite et profonde d'éta-
« blir une harmonie parfaite entre les
« droits imprescriptibles de la nature
« et les impérieuses lois de la société.

« L'histoire, comme la géographie,
« éprouve sans cesse des augmen-

« tations ou des changemens, tant par
« la succession des événemens que
« par les révolutions de la nature ou
« les progrès des connaissances hu-
« maines ; aussi la connaissance que
« l'on a eue des pays et des peuples,
« n'a-t-elle pas été la même dans tous
« les temps. A la fin du quinzième
« siècle, on ne divisait le monde qu'en
« trois parties ; encore n'avait-on sur
« l'Asie et l'Afrique que des notions
« très - imparfaites. Mais dès cette
« époque, plusieurs États de l'Eu-
« rope, imitant l'exemple du Portugal,
« cherchèrent à faire des découvertes
« dans des contrées jusqu'alors incon-
» nues. D'autres examinèrent avec plus
« de soin celles où l'on avait déjà pé-
« nétré, et dès-lors les Européens éten-
« dirent les limites de leurs connaissan-
« ces et de leurs relations politiques. »
Persuadé, comme l'écrivain anglais,

que l'histoire est inséparable de la géographie, j'ai vu avec peine que l'auteur d'un ouvrage dédié à la jeunesse, n'avait pas toujours observé ce principe, et j'ai cru ajouter à son mérite en réparant ce défaut. J'ai, en conséquence, augmenté considérablement la partie historique. J'ai joint à la description de toutes les parties du Nouveau - Monde, ce que chacune d'elles offre d'intéressant dans sa découverte et dans les révolutions qu'elle a éprouvées en perdant sa liberté, ou en changeant de maîtres. J'ai tâché de remédier à l'incertitude qui règne sur l'état actuel de plusieurs colonies par l'effet de la guerre, en offrant le tableau de leur rapport en 1787, époque où elles étaient à leur plus haut degré de prospérité, et en faisant un narré succint des événemens dont elles ont été le théâtre.

Ce premier volume contiendra une description ou itinéraire de l'Amérique méridionale, à laquelle j'ai joint les Indes-occidentales, comme étant le point par lequel les Européens ont commencé la découverte du Nouveau-Monde. Le second sera consacré à l'Amérique-septentrionale, et renfermera le précis de la révolution des Etats-Unis. A mesure que M. le Professeur Schaefer publiera la suite de ces voyages, je m'empresserai de la traduire, et je joindrai au même desir d'être utile à l'instruction de la jeunesse, le même soin d'enrichir ma traduction de tout ce qu'aurait pu omettre l'original, et qui serait propre à augmenter l'utilité d'un ouvrage qui a un but aussi précieux.

PREMIER VOYAGE.

INDES OCCIDENTALES

ET

AMÉRIQUE MÉRIDIONALE.

Découverte de l'Amérique.

LE mariage de Ferdinand, roi d'Arragon, avec Isabelle, reine de Castille, avait réuni ces deux royaumes si long-temps rivaux. L'Espagne, victorieuse des Maures, au faîte de la gloire et de la grandeur, parvenue, après des siècles de révolutions et de guerre, à ne former qu'un même empire de ses divers états, pouvait se livrer à toutes les spéculations du commerce et de l'industrie. Mais les Espagnols, vainqueurs de tant d'ennemis, étaient restés sous le joug honteux d'un autre. Plongés dans l'ignorance et dans la superstition, non-seulement ils n'appréciaient ni les sciences ni les arts, mais ils rejetaient, comme erreur ou impiété, toute proposition qui aurait pu étendre leurs connaissances et favoriser leur industrie. C'est ainsi qu'était regardée depuis long-temps la supposition des antipodes, que quelques hommes plus instruits s'étaient permis de faire ; mais que personne n'avait eu l'audace de vérifier.

Le premier qui en conçut le projet fut un Génois obscur, ignoré, sans autre guide que son courage, sans autres lumières que son génie. Christophe Colomb, issu d'une famille de marins, sentit, dès sa jeunesse, l'aiguillon de l'ambition et de la gloire. Dans le desir de s'élever au-dessus de la condition de matelot, à laquelle le condamnait sa naissance, il s'appliqua à l'étude de la géographie, des mathématiques, de l'astronomie et du dessin. Les sciences n'étaient pas portées encore à un haut degré de perfection ; mais que ne peut atteindre l'application secondée par le génie ! Colomb devint le premier navigateur de son temps, et le plus célèbre qu'ait produit aucun siècle.

Il était âgé de quatorze ans quand il s'embarqua pour la première fois.

Son vaisseau ayant fait naufrage, il fut jeté sur les côtes de Portugal, et se sauva heureusement, tandis qu'un grand nombre de ses compagnons périrent. Il arriva à Lisbonne. Cette cour commençait à encourager tous ceux qui tentaient de nouvelles découvertes. Déjà on s'y occupait du projet de trouver un passage aux Indes-orientales, en faisant le tour de l'Afrique méridionale. Le sort favorisait le jeune Colomb, en le conduisant dans un lieu où il pouvait se livrer à son desir avide de connaître, et à sa passion de découvrir. Il entra au service de cette puissance, et prit d'abord part à quelques expéditions sur la côte occidentale de l'Afrique et aux îles Azores ; mais une sphère aussi étroite ne donnait pas assez d'étendue à son ambition. Dès long-temps il projetait de se distinguer par quelque entreprise extraordinaire. Ses observations l'avaient convaincu que la figure de la terre était sphérique. Il en conclut, qu'en naviguant directement à l'ouest, à travers la mer Atlantique, on trouverait pour parvenir aux Indes, une route plus courte que celle qu'on avait faite jusqu'alors. Outre cela, diverses raisons lui faisaient supposer l'existence d'un continent au couchant des îles Azores. En parcourant ces parages, il avait remarqué des vents qui, dans certaines saisons, soufflaient toujours du même côté. Cela lui semblait une preuve qu'il y avait au-delà de cette mer un pays d'où venaient ces vents. Il avait vu flotter sur les eaux des bois poussés par un vent d'ouest ; il étoit naturel de supposer qu'ils venaient de quelque terre. Mais ce qui le confirmait particulièrement dans ses conjectures, étaient les cartes maritimes et le journal d'un vieux marin espagnol, qui donnaient quelques indices d'un pays vaste et inconnu dans l'Océan occidental (1).

Déterminé à aller tenter cette découverte, il avait besoin de la protection de quelque grande puissance. Dé-

---

(1) Quelques écrivains espagnols out réfuté cette assertion, comme inventée par la jalousie.

sirant que sa patrie jouît du fruit de ses travaux, il proposa son plan au sénat de Gènes. Colomb se promettait tous les secours dont il aurait besoin; mais il fut trompé dans son espoir. Le sénat non-seulement rejeta ses propositions, mais il regarda les principes sur lesquels il établissait ses conjectures, comme les songes d'un homme à projets. Méprisé par cette petite république, il s'adressa à Jean II, roi de Portugal. Ce prince l'écouta avec bonté, et renvoya l'examen de son plan à trois hommes d'état qui avaient dirigé long-temps les navigations des Portugais. Mais c'était ces mêmes hommes qui avaient donné le conseil de chercher un passage par la route opposée à celle que Colomb indiquait; ainsi, sans approfondir le projet, ils le rejetèrent. Cependant ils firent partir en secret un vaisseau qui devait suivre le chemin proposé par Colomb; mais ce vaisseau étant revenu à Lisbonne, sans avoir rien découvert, le projet fut traité de chimère. Le Génois, sans se décourager, se rendit en Espagne. L'examen de son plan fut soumis au confesseur de la reine Isabelle. Celui-ci répondit : « Que c'étoit une grande » présomption à un particulier de » supposer qu'il possédât seul des » connaissances supérieures à celles » des autres hommes. » Il ajouta que si les contrées que Colomb se proposait de découvrir existaient réellement, elles n'auraient pu rester si long-temps ignorées.

Colomb avait, comme tous ceux qui forment des projets extraordinaires, une fermeté qui les roidit contre les jugemens de l'ignorance, et cet enthousiasme qui ne se rebute jamais. Malgré les objections, les railleries, les préjugés, les cabales, souvent même les erreurs du fanatisme qu'il eut à combattre à la cour d'Espagne, malgré les refus que son frère essuya en Angleterre, il n'en resta pas moins convaincu de la vérité de son systême.

Il continua ses tentatives auprès du ministère de Madrid, jusqu'à ce qu'étant venu à bout de persuader Juan Pérès, prieur d'un couvent près de Palos ; Alonso de Quintanilla, contrôleur des finances de Castille, et Louis de Santangel, receveur des revenus ecclésiastiques en Arragon; ceux-ci disposèrent Isabelle à se prêter à l'exécution du projet. La reine fit, le 12 avril 1492, avec Colomb un contrat, par lequel elle le créait amiral et vice-roi de tous les pays, de toutes les îles et de toutes les mers qu'il découvrirait. Elle y ajouta le dixième des profits qui résulteraient des productions et du commerce de ces terres, en propriété pour lui et pour ses descendans.

La plus grande entreprise qui jamais eut été faite se trouva résolue; mais l'armement fut loin de répondre à son importance. Un grand vaisseau et deux petits bâtimens, dont l'équipement ne coûta pas cent mille francs, voilà tout ce que le hardi navigateur put obtenir. Enfin le jour fixé pour le départ arriva; c'était le 3 août 1492. Colomb, le seul qui fût convaincu du succès de son entreprise, partit joyeusement du port de Palos en Andalousie, avec ses trois vaisseaux qui, ensemble, n'avaient que quatre-vingt-dix hommes d'équipage.

Dès le second jour, à peine avait-il perdu de vue les îles Canaries, que plusieurs de ses matelots se mirent à décrier l'entreprise ; ils la traitèrent d'extravagance, de témérité, et découragèrent la plus grande partie de leurs camarades. Mais Colomb, sans se laisser abattre par la pusillanimité des hommes à qui il avait à faire, veillait lui-même à l'exécution de toutes les manœuvres, ne quittait presque jamais le pont, et ne prenait que quelques heures de repos. Les alarmes de ses lâches compagnons augmentaient à mesure qu'ils avançaient vers l'ouest, et au bout de trois semaines le murmure devint si général, qu'on proposa de jeter l'amiral à la mer, et de retourner en Espagne. Le courage inébranlable de Colomb le sauva ; il reprima avec fermeté les excès de ces rebelles, et échappa à la mort en la bravant. Mais lorsqu'au bout de sept semaines on n'apperçut point encore de terre, la révolte éclata avec plus de force ; les officiers même se rangèrent du parti de l'équipage, et la vie de leur chef se trouva dans le

plus

plus grand danger. Les menaces furent si terribles et si près des voies de
fait, toute la discipline avait si fort
disparue, que Colomb fut obligé de
s'engager à renoncer à son entreprise,
si au bout de trois jours on ne décou-
vrait point de terre. Un plan si vaste,
soutenu avec tant d'activité, entrepris
à travers tant d'obstacles, semblait sur
le point d'échouer, et quel allait être
le sort de celui qui l'avait conçu,
s'il retournait en Espagne, sans avoir
rien découvert ? La situation de Colomb était critique ; mais il conserva
cette intrépidité qu'inspire la confiance
dans le succès. Il ne s'était pas trompé ;
le troisième jour, 11 octobre, le dernier sur lequel il fondait ses espé-
rances, on découvrit une lumière
quelques heures avant la nuit. Le
vaisseau, qui marchait en avant, cria :
terre ! Quel son flatteur pour l'oreille
de Colomb ! Tous ses compagnons
reprirent courage. On attendit le jour
avec impatience. Le lendemain on
découvrit un pays vaste et d'un abord
facile. Tout l'équipage débarqua après
un voyage de deux mois et douze jours.

Tome I.   B

Avec quelle délicieuse sensation Colomb dut mettre le pied sur ce nouveau-monde, que l'œil d'aucun Européen n'avait encore apperçu ! Quel champ vaste de découvertes ! quelle succession d'événemens s'offrait à ses yeux ! Les Espagnols, pénétrés de respect et de répentir, se jetèrent à ses pieds, lui demandèrent le pardon de leur injustice, et chantèrent un *Te Deum* pour remercier le ciel.

C'était l'île de *Guanahani* où Colomb avait abordé. Nous la comptons aujourd'hui au nombre des îles de Bahama ; ainsi elle fait partie de l'Amérique. L'amiral la nomma *Saint-Salvador*, sans doute parce que la découverte de cette île l'avait sauvé du plus grand péril. Il en prit possession au nom de l'Espagne. Personne, dit l'abbé Raynal, n'était capable en Europe, de penser qu'il pût y avoir quelque injustice à s'emparer d'un pays qui n'était pas habité par des chrétiens.

Il faut que cette première entrevue des habitans du nouveau-monde avec ceux de l'ancien, ait formé un spectacle bien intéressant. D'un côté, la surprise et la joie des Espagnols à la vue d'un climat et d'un sol différent des autres pays connus jusqu'alors, où tous les objets qu'ils appercevaient, les plantes, les animaux, les hommes, leurs demeures, étaient nouveau pour eux et fixait leur attention. De l'autre, l'étonnement muet des Insulaires, qui n'avaient encore jamais vu des hommes au teint blanc, avec des barbes, les cheveux frisés, habillés et armés à l'européenne. Quant à eux, entièrement nuds, leurs cheveux noirs flottaient sur leurs épaules. Ils n'avaient point de barbe, leur visage et d'autres parties de leurs corps étaient bisarrement peints de diverses couleurs. Ces édifices flottans sur lesquels les Espagnols venaient de traverser l'Océan, et qui semblaient se mouvoir sur les eaux comme avec des aîles, fixèrent d'abord leur admiration; mais ils n'eurent pas plutôt entendu le canon porter au loin un bruit semblable à celui du tonnerre, qu'ils commencèrent à regarder leurs nouveaux hôtes comme des êtres d'un ordre

supérieur. Ils les prirent pour les enfans du Soleil qu'ils adoraient, descendus pour visiter la terre, et commandant aux éclairs et à la foudre.
Ils les accueillirent comme tels, et
leur offrirent tout ce qu'ils possédaient.

Colomb, charmé de ce premier succès, crut avoir trouvé le vaste continent de l'Inde, ou du moins une partie;
et c'est par cette raison qu'il nomma
les îles qu'il venait de découvrir, Indes-
Occidentales. Quoiqu'on ait été bientôt détrompé sur cette erreur, on leur
a toujours conservé cette dénomination. Les Indes-Occidentales appartiennent à la partie du monde qu'on
appella depuis, Amérique. Ainsi
c'est Colomb qui aurait dû jouir de la
gloire de donner son nom à ce nouvel
hémisphère. Mais un Florentin, nommé
Améric Vespuce, ayant parcouru,
en 1499, une partie des côtes de la
terre - ferme, et la relation de son
voyage étant la première description
du nouveau-monde qui ait été donnée
au public, on s'accoutuma peu-à-peu
à appeller de son nom un pays qui
n'était connu que d'après lui.

Suivons Colomb dans ses expéditions. Les Espagnols n'eurent pas plutôt fait quelques caresses aux Insulaires, que leur première frayeur se calma; quelques présens achevèrent de les concilier. Ces peuples vinrent sans armes sur le rivage; plusieurs entrèrent dans les vaisseaux. Tout fixait leur attention et leur surprise. On remarquait en eux de la confiance et de la gaîté. Ils apportaient toutes les productions de leur île. Ils prenaient les Espagnols sur leurs épaules pour les aider à descendre à terre. Les matelots qui s'enfonçaient dans l'intérieur du pays étaient fêtés; de tous côtés on leur apportait des vivres; on se disputait à qui leur donnerait asyle, on remplissait de coton le plus fin les lits suspendus dans lesquels ils couchaient.

« Lecteur, ajoute à ces détails l'au-
« teur de l'Histoire Philosophique,
« dis-moi, sont-ce des peuples civi-
« lisés qui sont descendus chez des
« sauvages, ou des sauvages chez des
« peuples civilisés ? Qu'importe qu'ils
« soient nuds, qu'ils habitent dans le

« fond des forêts, qu'ils vivent sous
« des hutes, qu'il n'y ait parmi eux
« ni code de lois, ni justice civile ou
« criminelle, s'ils ont les vertus qui
« caractérisent l'homme? Hélas! chez
« tous ces peuples que notre orgueil
« appelle sauvages, on aurait obtenu le
« même accueil avec les mêmes pro-
« cédés. Oublions, s'il se peut, ou
« plutôt rappellons-nous ce moment
« de la découverte, cette première en-
« trevue des deux mondes, pour bien
« détester le nôtre ».

La gloire de découvrir, et le desir
d'étendre leurs connaissances, n'était
pas ce qui touchait le plus les Espagnols. Ils voulaient de l'or, ils en virent. La plupart de ces Insulaires portaient des ornemens de ce métal, ils
en donnèrent à leurs nouveaux hôtes.
Dès-lors l'avarice éteignit en eux tout
autre sentiment. Ils ne songèrent plus
qu'aux moyens de se procurer des richesses dont les possesseurs faisaient
si peu de cas. Ils s'informèrent dans
quels pays se trouvaient les mines
d'or; on leur désigna le sud, ils diri-
gèrent aussitôt leur route vers ce côté.

Colomb découvrit différentes îles, et sur-tout *Cuba* et *Hispaniola*, qui dans la langue du pays, se nommaient *Haytï*. Il fut par-tout bien reçu, échangea contre des bagatelles, telles que des grains de verre et des grelots, ce métal précieux auquel les Américains mettaient peu de prix; laissa à Hispaniola, aujourd'hui *Saint-Domingue*, une colonie de 38 hommes, sous les ordres de Diego d'Arada, et après avoir marqué la place qui devait être le centre de tous les projets qu'il se proposait d'exécuter, après avoir construit le fort de la Nativité, avec le secours des Insulaires, qui forgeaient gaîment leurs fers, il fit voile pour l'Europe.

Il arriva à Palos le 15 de mars 1490. La cour d'Espagne fut étonnée et ravie du succès de cette entreprise. Colomb fut invité à se rendre à la cour, pour y recevoir un hommage public d'estime et de reconnaissance. Le peuple se portait en foule sur les pas de cet homme extraordinaire, et, par l'ordre d'*Isabelle*, son entrée dans la ville de Barcelonne où la cour se trouvait alors, se fit avec l'appareil, la

pompe d'un triomphateur. Tous les
honneurs que méritait Colomb lui furent prodigués, mais ils ne l'éblouirent
pas. Il raconta son voyage au Roi et
à la Reine, avec la simplicité du vrai
mérite. Il leur présenta des monceaux
d'or et quelques Insulaires qui l'a-
vaient suivi volontairement. A cette
vue l'on crut posséder déjà des sources
inépuisables de richesses, et le gouvernement espagnol donna ordre d'é-
quiper promptement une flotte avec
laquelle ce héros pût aller à la re-
cherche de nouvelles contrées. D'a-
près le fanatique usage de ce temps, la
cour d'Espagne se fit assurer d'avance
par celle de Rome, la propriété des
terres qu'on pourrait découvrir. Les
Papes s'arrogeaient encore alors le
droit de disposer des empires. Mais,
comme il fallait éviter que cette con-
cession ne contrariât celle qui avait
été faite au Portugal dans des circonstances pareilles, on établit pour limites entre ces puissances, une ligne
qu'on supposait tirée d'un pole à l'autre ; le Pape accorda aux Portugais
tout ce qui était à l'est de cette ligne,

et donna aux Espagnols tout ce qui se trouvait à l'ouest.

Comme dans ce temps-là, la rondeur de la terre n'était pas une vérité généralement reconnue, on ne réfléchit pas que cette ligne de démarcation ne pouvait pas lever toutes les difficultés, si chaque puissance poursuivait ses navigations en sens contraire. Aussi les Européens ne se sont-ils guères soucié dans la suite des limites tracées par le Souverain Pontife.

Colomb mit à la voile de la baie de Cadix, le 25 septembre 1493, avec 17 vaisseaux et 1500 hommes, pour faire un second voyage au nouveau-monde. En arrivant à Saint-Domingue, il trouva la Colonie détruite. Après le départ de Colomb, les 38 Espagnols qu'il avait laissés dans l'île, avaient fait éprouver aux habitans les plus horribles vexations. Oubliant le bon accueil qu'ils en avaient reçu, ils leur avaient enlevé leurs vivres et les avaient forcés à travailler pour eux. L'or et les femmes étaient devenus la proie de ces tyrans. Tant de violences, sans prétexte, avaient enfin révolté

ces peuples et excité leur courage.
Ces brigands avaient été tués et leurs
demeures détruites. Colomb, trop généreux pour punir ces malheureux de
s'être défendus contre leurs oppresseurs, ne chercha qu'à rétablir l'u-
nion et la paix, et fonda une ville
avec un fort, qu'il nomma Saint-Thomas. Les Insulaires qui avaient cru
que les Européens abandonneraient
tout-à-fait leur pays, ne leur virent
pas sans peine former de nouveaux
établissemens. Lorsque Colomb se
flatta d'avoir assuré la tranquillité,
il quitta l'île pour aller faire d'autres
découvertes. Mais à peine fut-il parti
que de nouvelles vexations plus cruelles
que les premières de la part des Colons,
animèrent la vengeance des Indiens. Dé-
sespérés des outrages qu'ils recevaient
et enflammés de rage, ces malheureux
attaquèrent les Espagnols. Le nombre
des hommes compensait la dispropor-
tion des armes. Si Colomb n'était pas
venu à temps au secours de ses compatriotes, il n'en aurait retrouvé aucun.
Il s'était long-temps refusé à employer
la violence, mais l'indisposition des

esprits était telle, que la guerre devenait indispensable. Avec un corps de 200 hommes d'infanterie et de 20 de cavalerie, avec quelques canons et 20 grands chiens, qui étaient dressés au combat, il ne craignit pas d'attaquer en 1495, dans les plaines de Vega-Réal, une armée que les historiens portent à cinquante mille combattans. Colomb fondit pendant la nuit sur cette masse sans ordre et qui n'avait que des armes de bois; la défaite des Indiens fut si complète, qu'ils perdirent toute pensée de résister désormais à des hommes qu'ils regardaient comme invincibles. Le vainqueur prit possession de l'île entière; il imposa aux habitans une taxe onéreuse qui les obligeait à fournir une grande quantité d'or et de coton. Ces actes tyranniques n'étaient point dans le caractère de Colomb; mais il s'y voyait forcé, tant pour satisfaire l'avidité des Espagnols, que pour soutenir son crédit à la cour, où l'envie et la calomnie cherchaient déjà à décrier ses opérations. Ses ennemis étaient parvenus à faire nommer un commissaire, chargé de se transporter auprès de lui pour surveiller sa conduite. Il prit en 1496 la résolution de retourner en Espagne pour se justifier. On le reçut avec tant de marques d'estime que ses envieux restèrent confondus, et il reçut ordre de faire un troisième voyage, qu'il entreprit en 1498.

Dans cet intervalle, les Indiens accablés par le poids d'une oppression qui s'augmentait tous les jours, se portèrent à une de ces extrémités que suggère le désespoir. Ils résolurent, aux dépens même de leur vie, d'affamer leurs tyrans. Ils suspendirent toute culture, ravagèrent les champs, détruisirent les provisions, et se retirèrent dans des montagnes inaccessibles où la faim les enleva par milliers. Les Espagnols qui n'avaient songé qu'au pillage, sans se donner la peine de travailler eux-mêmes, auraient éprouvé le sort de leurs victimes s'ils n'avaient reçu à propos des secours d'Europe.

Le frère de Colomb était resté à Saint-Domingue, revêtu du commandement. Bientôt il eut à lutter contre l'indiscipline et l'insubordination. On lui obéissait quand il y avait un canton à piller ou quelques villages à détruire. Mais après le partage du butin on reprenait l'esprit d'indépendance. Les jalousies, les haines formèrent divers partis, qui se firent enfin mutuellement la guerre.

Dans l'intention de peupler Saint-Domingue on y avait transporté une foule de malfaiteurs. La corruption des mœurs et le désordre étant arrivés à leur comble, on accusa Colomb des excès qui en furent la suite, tandis que depuis son retour il s'exposait tous les jours pour arrêter le mal. La cour, trompée par de faux rapports envoya un commissaire, chargé d'examiner la conduite de ce grand homme, et de le déplacer s'il le trouvait coupable.

Ce commissaire, non-seulement ennemi déclaré de Colomb, mais le plus avide, le plus féroce de tous ceux qui étaient passés en Amérique, arriva en 1500. Il commença par s'emparer du commandement, se fit reconnaître pour Gouverneur - Général, chargea de chaînes l'infortuné Colomb, et le renvoya en Espagne. Le capitaine qui commandait le vaisseau, pénétré de respect pour son illustre prisonnier, offrit de lui ôter ses fers. « Non, répondit le héros, avec une généreuse indignation ; c'est la volonté du Roi qui m'a privé de ma liberté, sa volonté seule peut me la rendre ». Elle lui fut rendue en effet, mais non les dignités dont on l'avait si injustement dépouillé. L'ombrageux Ferdinand engagea son épouse à manquer à sa parole. Le malheureux Colomb en agit plus noblement, en oubliant les injustices qu'on lui avait faites.

La seule satisfaction que l'on fit semblant de lui donner, fut de rappeler avec une indignation vraie ou simulée, l'agent qui avait si cruellement abusé de ses pouvoirs. Mais la victime de la scélératesse n'en devint pas moins celle de l'ingratitude. Les murmures de l'Europe entière et sa reconnaissance furent ses seuls dédommagemens.

Plutôt que de languir dans l'oisiveté et de vivre dans l'humiliation, Colomb se détermina, en 1502, à entreprendre un quatrième voyage. Après une longue navigation dans laquelle il espérait trouver au-delà du continent une mer qui s'étendît jusqu'aux Indes orientales, il découvrit la côte d'Honduras; delà, il fit voile vers Darien pour chercher un détroit qui communiquât avec l'Océan que nous nommons aujourd'hui mer Pacifique. Il n'en trouva point, mais il découvrit la côte orientale du cap Gracias-à-Dios jusqu'au havre de Porto-Bello. A son retour, il fit naufrage sur la côte de la Jamaïque; le nouveau gouverneur de Saint-Domingue, nommé encore alors Hispaniola, lui ayant refusé pendant un an entier les secours qu'il lui fit demander, Colomb serait mort de faim avec son équipage, si les insulaires ne lui avaient fourni des vivres. Enfin, après une longue suite d'infortunes, il retourna en Espagne, où on ne lui fit que de vaines promesses, au lieu des récompenses que méritaient ses services. Il mourut à Valladolid, le 20 mai 1506; quoiqu'il n'eût que 59 ans, ses forces physiques étaient fort affaiblies, mais ses facultés morales étaient toujours restées les mêmes.

« Telle fut, dit l'historien que j'ai déjà cité, la fin de cet homme extraordinaire qui avait étonné l'Europe, en ajoutant une quatrième partie à la terre, ou plutôt une moitié du monde à ce globe si long-temps dévasté et si peu connu. Le premier instant où l'Amérique fut connue, se trouva marqué par des actes de la plus horrible injustice, présage fatal de toutes celles dont ce malheureux pays devait être le théâtre ».

Les découvertes de Christophe Colomb avaient produit la plus grande sensation en Europe; plusieurs puissances maritimes, avides des trésors immenses que recélait le nouveau continent, tentèrent des expéditions semblables. Chaque nouvelle découverte était une prise de possession. On reconnut successivement les différentes côtes de l'Amérique; chaque nation, toujours en vertu du droit du plus fort, y fit des établissemens, soumit les peuples qui les habitaient, et c'est ainsi que le nouveau-monde a été regardé, pendant long-temps, comme la propriété de l'ancien.

La découverte de l'Amérique est devenue importante sous bien des rapports. Outre la connaissance des pays et des peuples, l'histoire naturelle et d'autres sciences étendirent par-là leurs limites. L'industrie et l'activité des Européens prirent un nouvel essor. Les habitans de l'Europe apprirent à connaître, avec de nouvelles productions, une foule de nouveaux besoins. Cette connaissance eut l'influence la plus étendue sur l'économie rurale, les manufactures, les fabriques et le commerce. Le négoce sur-tout prit une autre forme. L'or et l'argent d'Amérique augmentèrent la somme du numéraire ; tous les objets haussèrent de prix. De tous les changemens qui résultèrent de là, beaucoup eurent leurs avantages, plus encore leurs inconvéniens. Les possessions d'Amérique multiplièrent les guerres en Europe, et avec elles les suites funestes de ce fléau destructeur. Ainsi l'on peut dire que la découverte du nouvel hémisphère a été pernicieuse à l'ancien. Quant à l'Amérique, elle gémira toujours de nous avoir connus. A quel prix n'a-t-elle point acheté les prétendues lumières que nous y avons apportées? Quelques connaissances en agriculture, quelques progrès dans l'industrie , quelques plantes , quelques animaux , quelques usages plus propres à corrompre les mœurs qu'à les épurer, valaient-ils les millions d'hommes qui ont péri, tant dans les conquêtes, que dans les travaux périlleux des mines? Peu-à-peu l'Amérique fut dépeuplée. Afin d'y recueillir les trésors que venait y chercher l'avidité européenne, il fallut y transporter des Nègres et même des Européens. Outre cela la cupidité et des raisons de toute espèce engagèrent des hommes de tous les pays à s'y établir volontairement; c'est ainsi que l'Europe perdit une partie de ses habitans.

Un pays qui a eu et a encore une si grande influence sur nous, mérite bien que nous cherchions à le connaître. Prenons sous les yeux la carte de l'Amérique. Embarquons-nous en idée, et suivons d'abord Colomb dans ses premières découvertes.

INDES-OCCIDENTALES.

Îles de Bahama ou îles Lucayes.

C'EST par ce groupe, d'environ deux cents îles, que Colomb débuta dans la découverte du nouveau continent. La plupart ne sont que des rochers inhabitables ou des écueils qui rendent la navigation très-dangereuse. Il n'y en a que sept d'habitées. La première d'entre elles que nous rencontrons, est *Guanahani*, ou *Saint-Salvador* comme nous avons dit que Colomb l'avait nommée, parce qu'il l'apperçut au moment où il allait être immolé à l'impatience et à la lâcheté de son équipage. Elle est peu considérable. Mais celle de *Bahama*, dont toutes les autres ont tiré leur nom, est d'une vaste étendue. Comme elle est peu peuplée, elle n'est remarquable que par le canal auquel elle donne son nom, et qui est le plus rapide qu'il

y ait dans le nouveau-monde. Ce détroit, entre la Floride et les Lucayes, sert de passage aux Espagnols pour aller à la Havane. Delà nous arriverons à *l'île de la Providence*, qui est la principale de toutes ; le chef-lieu s'appelle *Fort-Nassau*, son port est le meilleur qui se trouve dans ces parages. Les Anglais sont maîtres de ces îles ; ils en tirent du bois d'Acajou pour les ouvrages de menuiserie, du bois de Campèche et de Brésil dont on se sert dans la teinture, quelques fruits, du coton, de l'écaille de tortue et du sel. Outre cela leur situation est d'un grand avantage pour leurs possesseurs, puisqu'elle les met à même d'entraver le commerce que les Espagnols et les Français font aux Indes-occidentales et de fournir en temps de guerre aux corsaires anglais une retraite assurée.

Grandes-Antilles.

C'est ainsi que l'on nomme les quatre grandes îles que l'on rencontre en allant au sud-ouest. Ce sont *Cuba*, *la Jamaïque*, *Saint - Domingue* et

Porto-Ricco. On les distingue, par cette dénomination, du grand nombre de petites îles qui s'étendent presque en demi-cercle depuis les Grandes-Antilles, jusqu'à l'embouchure de l'Orénoque, et qu'on appelle *Petites-Antilles.* Ces deux groupes d'îles et les *Lucayes*, que sépare le détroit de *Bahama*, composent proprement les Indes-occidentales, et forment, avec le continent situé vis-à-vis, le *grand golfe du Mexique.*

Nous arrivons à *la Havane*, capitale de l'île de Cuba. Cette ville est très-considérable : elle renferme 2,000 maisons et 30,000 habitans, presque tous Espagnols. On y trouve une université, grand nombre de monastères, des chantiers et beaucoup de magasins. Le port est défendu par trois forts et peut contenir plus de mille vaisseaux. Mais l'entrée en est si étroite, qu'un seul peut passer à-la-fois. C'est-là le rendez-vous de toutes les flottes d'Espagne. On y embarque pour l'Europe les trésors que l'on tire du Mexique, et les vaisseaux qui viennent de notre hémisphère vont d'ordinaire s'y rafraîchir.

L'île de Cuba est la plus grande de toutes les Antilles, car elle a 250 lieues de long sur 35 de large. Une chaîne de montagnes, qui renferme des mines d'or, d'argent et sur-tout du cuivre, la traverse dans toute sa longueur. Les fleuves y charient du sable d'or. Entre ses différentes productions, les plus importantes pour nous sont celles qu'on trouve aussi dans les autres Antilles, du sucre, du café, du cacao, du roucou, de l'indigo et du tabac. Ce dernier y croît en si grande abondance qu'elle en fournit le Mexique, le Pérou et l'Espagne. Outre cela, Cuba nous fournit de la cire, de la soie, du bois de Cèdre et d'Acajou et grand nombre de médicamens. Si elle était plus peuplée, elle pourrait pourvoir l'Espagne de tout le sucre qu'on y consomme, tandis qu'on y est obligé d'en faire venir beaucoup de l'étranger. Y compris les esclaves, la population peut monter à trois cents mille ames.

Saint-Domingue, autrefois Hispaniola, ou l'Ile Espagnole, est séparée de Cuba par un bras de mer. Cette île a été d'un grand prix pour la France à l'époque où elle était dans son état de splendeur ; c'est - à - dire, les dernières années qui ont précédé la révolution. La multitude des fleuves qui l'arrosent, dont plusieurs sont navigables, la fertilité étonnante de son terroir, où croissent en abondance toutes les productions des Indes-occidentales ; l'air généralement sain et tempéré eu égard à sa position ; tout ces avantages étaient inappréciables, et ont été sacrifiés à l'esprit de parti ou de discorde, à la vengeance et à l'abus de la liberté. Il n'y avait que le tiers de la partie occidentale qui appartint aux Français, mais ce tiers valait mieux que l'île entière. La paix qu'a conclue la France avec l'Espagne en 1795, a réuni la totalité sous la domination française.

Pour se faire une idée de l'état où était la partie française de Saint-Domingue avant la révolution, examinons quels étaient la population et les produits en 1787. On y comptait alors 24,193 européens, 29,682 noirs libres ou sang-mêlé, et 364,294 nègres ;

il s'y trouvait 1800 sucreries, 763 plantations de cannes à sucre, 2,367 de café, 2,884 d'indigo; 609 de coton et 63 de cacao. On y cultiva cette année au-delà de 14 millions de cotonniers, 93 millions de cafiers et 758,000 cocotiers. On transporta en France 58 millions de sucre blanc, 73 millions de sucre brut, au-delà de 4,000 tonneaux de sirop, 70 millions de livres de café et au-delà d'un million de livres d'indigo. Le commerce de la métropole avec cette colonie occupa 470 vaisseaux, la valeur de l'exportation monta à 159 millions de livres, et celle de l'importation à 150 millions.

Combien, d'après cette exposition, les Français n'ont-ils point à regretter la perte d'une telle colonie! Tout le monde connaît les causes qui l'entraînèrent. Les nègres qui la cultivaient sous des maîtres quelquefois leurs pères, souvent leurs tyrans, au lieu de recevoir la liberté comme un bienfait, excités par quelques démagogues incendiaires, ne la regardèrent que comme le signal de la vengeance. Toute la surface de l'île fut mise à feu et à sang.

sang. Les blancs furent en grande partie massacrés ; les plus riches habitations pillées et détruites ; les malheureux propriétaires qui se trouvaient en France, se virent en un moment réduits à la misère, et des établissemens qui n'avaient acquis un tel degré de splendeur que par les travaux de plusieurs siècles, furent anéantis en un instant. Les Anglais ne furent pas plutôt en guerre avec la France, que, sollicités par un grand nombre de propriétaires qui cherchèrent chez eux un asyle, et attirés par l'espoir de posséder la plus belle de nos colonies, ils entreprirent de s'emparer de la partie française de l'île. Devenus maîtres du Port-au-Prince sans beaucoup de peine, ils crurent pouvoir s'avancer sans difficulté ; leur confiance les perdit. Cette même liberté qui avait offert aux noirs un prétexte pour commettre tant d'horreurs, fut pour eux un motif de la défendre. Formés en régimens et réunis à quelques troupes qu'envoya le gouvernement français, non-seulement ils s'opposèrent aux progrès des Anglais, mais après les avoir

Tome 1.   C

tenus plusieurs années en échec, ils les forcèrent à se rembarquer. L'Angleterre perdit à cette expédition, outre des sommes considérables, un grand nombre d'officiers et de soldats, qui périrent plutôt de maladies que dans le petit nombre de combats qui furent livrés. Il y eut un régiment, composé de 1200 hommes, dont il ne revint que 145 soldats et 8 officiers.

L'esprit de parti, dont il faut se garder toujours, soit qu'on lise l'histoire ou qu'on l'écrive, a prétendu, tantôt que les Anglais n'avaient jamais voulu sérieusement prendre Saint-Domingue, mais seulement le détruire ; tantôt, qu'avant de le quitter, ils avaient détruit réellement toute la partie qu'ils avaient occupée. L'une et l'autre de ces assertions sont évidemment fausses. La première, parce que la Colonie était par elle-même en assez mauvais état au moment de l'attaque des Anglais, pour que ceux-ci ne se missent pas en aussi grands frais pour achever de la ruiner, que par conséquent ils n'auraient point sacrifié tant de millions et tant d'hommes dans la seule vue de dé-

truire un établissement qui l'était déjà.
Quant à la seconde supposition, tous
les colons du Port-au-Prince attestent
que leurs habitations ont été remises
en valeur et ont produit abondamment
pendant tout le séjour des Anglais,
tandis que la guerre de parti qui a
éclaté dans cette contrée après leur
départ, les a ruinés de nouveau. Dans
tous les évènemens de cette espèce,
il est nécessaire d'acquérir des notions
justes, afin d'apprendre à juger sans
aigreur et à raisonner sans partialité.

Pendant tout le temps que les Anglais occupèrent une partie de Saint-
Domingue, toutes les terres ne furent
plantées qu'en vivres pour les armées,
et tout objet de commerce disparut.
Après leur retraite, vers l'an IV de la
République, on commença à faire du
sucre, et à rétablir les anciennes plantations, on rebâtit les villes qui avaient
été la proie des flammes; et l'on apprend que celle du Cap l'est en grande
partie.

Plusieurs circonstances ayant affai-
bli les relations de cette île avec la
métropole, elle était, jusqu'à la paix

avec l'Angleterre, à peine considérée comme une possession française; le gouvernement était entre les mains des noirs, qui s'étaient donné une constitution particulière. La paix ayant rendu à la France les moyens de recouvrer une Colonie aussi importante, on s'est empressé d'y envoyer des forces nombreuses.

Dès long-temps il n'y a plus de naturels du pays à Saint-Domingue; ils ont tous expiré successivement sous l'oppression des Espagnols. Quelques Français s'y établirent dans la suite, mais les produits de leur industrie furent peu considérables jusqu'à ce que les richesses du Mexique et du Pérou ayant attiré de ce côté les Espagnols, la Colonie prospéra.

Plusieurs contrées de Saint-Domingue sont montagneuses; elles renferment du sel de roche, du cuivre, de l'argent et des eaux-minérales. Il y a des veines d'or dont on a tiré pendant long-temps. La mer fournit aux habitans, non-seulement une grande quantité de poissons, mais encore de l'ambre et du sel. La partie orientale de l'île a sur-tout de bons pâturages, mais on manque presque par-tout de bois à brûler et de bois de construction. Il s'y trouve plusieurs excellents Ports, tels que *le Cap-Français*, sur la côte septentrionale ; *le Port-au-Prince*, (aujourd'hui) *le Port de la République* sur la côte orientale ; Cayes et Léogane. La première de ces villes est la plus considérable, elle est traversée par des canaux comme les villes de Hollande, et située dans la plaine la plus fertile. On y comptait en 1792 plus de mille maisons qui furent la proie des flammes et de la fureur des noirs.

Dans la partie méridionale qui vient d'être cédée à la France, nous trouverons *Santo-Domingo*, ville grande, régulièrement bâtie, bien fortifiée, et la première qui ait été construite par des européens dans le nouveau-monde. Elle avait autrefois deux archevêques, et une université. C'était la ville la plus considérable de l'Amérique espagnole. Les habitans mènent une vie oisive, molle et insouciante. Ils s'inquiètent peu d'acquérir de nouvelles

richesses , et dépensent dans l'indo-
lence et les plaisirs , les trésors qu'eux
ou leurs pères ont amassés. Peu curieux d'occuper leur esprit , il n'attachent aucun prix aux sciences et aux
arts ; leur temps se passe à manger,
boire , jouer et dormir.

Dirigeons-nous vers l'occident , et
nous trouverons la *Jamaïque* , île anglaise , un peu plus petite que Saint-
Domingue. Elle faisait autrefois partie
des possessions espagnoles de l'Amérique. Les Anglais y avaient fait plusieurs descentes avant 1656; mais ce
ne fut que cette année-là qu'elle se
rendit aux armes britanniques. Crom-
wel avait envoyé une escadre pour
réduire Saint-Domingue ; mais cette
expédition ayant été sans succès , les
commandans , de leur propre chef,
firent une descente à la Jamaïque , et
ayant emporté la capitale , s'emparèrent bientôt du reste de l'île. Elle a
toujours depuis appartenu à l'Angleterre , et formé un de ses plus beaux
établissemens.

Pour entrer dans un des ports de cette
île , il faut s'abandonner aux Pilotes

du pays, car les côtes sont couvertes de
bancs de corail. Une chaîne de montagnes, dont les arbres toujours verds
offrent un coup-d'œil ravissant, coupe
l'île en deux parties. Ce verd perpétuel
vient de la chaleur du climat qui est
très-nuisible aux habitans, à cause des
nuits froides et humides, ce qui est
l'ordinaire des pays très-chauds sur le
bord de la mer. En général le climat
y est mal-sain, excepté sur la côte
méridionale où l'air est rafraîchi par
les vents de terre et de mer. De plus,
l'eau n'y est pas bonne. Malgré ces
désavantages et les violens tremblemens de terre qui s'y font sentir assez
souvent, l'île est très-bien cultivée. On
y compte au-delà de 1000 plantations
à sucre, et plus de 2000 autres établissemens. Le sucre y est la production principale. On en exporte annuellement
pour plus de 28 millions. Les autres
articles d'exportation sont les mêmes
que dans les îles voisines, c'est-à-dire,
toutes les denrées de l'Amérique méridionale, et se montent à plus de 40
millions. Joignez à cela un commerce
de contrebande dans les possessions

espagnoles, qui est très avantageux pour les Anglais.

On ne peut douter que la Jamaïque ne soit l'île la plus importante que la Grande-Bretagne possède dans le nouveau-monde, et qu'elle ne vaille presqu'autant que tous leurs établissemens dans les Indes - occidentales. En 1787 la population de la Jamaïque, sans y comprendre les naturels du pays, appellés Caraïbes, se montait à 30,000 européens, et 256,000 nègres ou esclaves. Le gouvernement est confié à un conseil de régence, composé de 38 députés A la tête, est un gouverneur nommé par le roi d'Angleterre. Les appointemens sont de soixante mille francs, et l'assemblée de la Colonie lui en vote d'ordinaire deux fois autant.

Port-Royal était la capitale de la Jamaïque. Elle était en 1692 la ville la plus considérable des deux Indes, par sa grandeur. Aucune ne pouvait lui être comparée pour le commerce, l'opulence, et ce qui en est la suite ordinaire, la corruption des mœurs. Au mois de juin de la même année, un tremblement de terre qui ébranla l'île entière, engloutit tellement cette ville, qu'il n'en resta aucun vestige. La terre s'ouvrit, et fit disparaître en deux minutes les neuf-dixièmes des maisons, et plus de 2000 habitans ; l'eau acheva de détruire le reste. C'est un des plus terribles évènemens que rapporte l'histoire du dix-septième siècle.

Port - Royal fut rebâti , mais dix ans après cette ville fut la proie des flammes. Les avantages du port tentèrent encore une fois les habitans ; mais en 1772 un horrible ouragan détruisit tous les travaux. Tant de malheurs firent regarder cet endroit comme frappé de malédiction, et depuis on l'a abandonné pour toujours. Ses habitans se sont établis du côté opposé de la baie, et ont bâti Kingston, qui est devenue la capitale de l'île.

Si nous rebroussons chemin, et que nous repassions devant Saint-Domingue, nous arriverons à *Porto-Ricco*, la plus petite des grandes Antilles.

Elle a 60 lieues de long sur 18 à 20 de large, et appartient aux Espagnols.

Le terroir en est très - fertile, l'air très - sain. On y trouve tour - à - tour des collines, des plaines, des forêts et des prairies ; cette variété offre des campagnes les plus riantes. Elle est riche en tabac, en bois, en sel, en pelleteries , et autres productions des Indes. Les habitans, dont le nombre monte à 10,000, n'en ont pas su jusqu'à présent tirer le parti dont elle est susceptible. C'est à cause de l'or que les Espagnols s'y établirent ; mais les mines ont été épuisées.

Porto-Ricco, la ville capitale, forme un vaste port dans une petite île, du côté septentrional, et communique à la grande île par une chaussée. Elle est le centre du commerce que les Français et les Anglais font dans cette partie avec les Espagnols. Elle fut prise une fois par François Drake, et une autre par le duc de Cumberland. Les Anglais s'en sont emparés de nouveau dans la présente guerre ; mais elle est rendue aux Espagnols d'après les préliminaires de paix qui viennent d'être signés à Londres.

Les petites Antilles ou les Caraïbes.

Nous quittons Porto-Ricco, et nous nous dirigeons vers l'orient. Bientôt nous appercevons un archipel, composé d'îles plus au moins grandes appartenantes à divers Puissances. Les Anglais, les Français, les Hollandais, les Espagnols, les Danois, et les Suédois, se les sont partagées après s'en être long-temps disputé la possession. Comme le vent d'Est domine dans ces parages, il faut que celles de ces îles qui sont plus au levant, le sentent plutôt que celles qui sont vers l'occident. C'est pour cela que les navigateurs ont coutume de les diviser en îles-du-vent et îles-sous-le-vent. Les premières sont celles situées vers l'orient, les secondes celles qui se trouvent vers le couchant le long de la *terre-ferme.*

Nous rencontrons d'abord *Saint-Thomas*, île Danoise, qui a 8 lieues quarrées, et qu'on compte parmi *les Vierges*, petites îles au nombre de 60, dont 2 appartiennent aux Danois, 3 aux Anglais, et quelques-unes aux Espagnols. Saint - Thomas renferme 500 Européens, 200 nègres libres, et au - delà de 4,600 nègres esclaves. Son terroir est fertile, et fournit sur-tout du sucre et du maïs.

Cette île, quoique petite, a été d'un avantage inappréciable pour les Danois pendant le cours de la guerre actuelle. Elle a servi d'entrepôt à toutes les marchandises qui s'exportaient des Indes-occidentales pour le compte des ports de Brêmen, de Hambourg et des puissances du Nord qui avaient conservé leur neutralité.

Une possession plus considérable pour le Danemark, est l'île *de Sainte-Croix* qui a 16 lieues quarrées, au-delà de 350 plantations, 2000 Européens, près de 1000 nègres libres, et 22,480 esclaves. Le sucre y est le principal objet de culture.

En nous dirigeant du côté de l'orient, nous arriverons aux *îles Saint-Martin*, qui tirent leur nom de l'île *Saint-Martin* possédée par les Hollandais et les Français. Deux d'entr'elles, l'*Anguille et la Barboude*, appartiennent aux Anglais. Les Suédois donnèrent en 1785 aux Français, la permission de mouiller librement dans le port de Gothembourg, ce qui favorisait le commerce de ces derniers dans la Baltique, et reçurent en échange l'île de *Saint-Barthelemi*. Elle est encore couverte de buissons et presque en friche ; mais sa situation avantageuse pour le commerce, jointe à plusieurs excellens ports, en pourront faire dans la suite une possession importante.

Au sud-ouest de cette île sont les deux îles bataves, *Saint-Eustache et Saba*. Le terroir de la première ne fournit que du tabac et du sucre. Le principal commerce des habitans, est la contrebande. Les Espagnols y viennent acheter en secret toutes les productions étrangères.

Saba est entourée de rochers escarpés. On n'arrive aux demeures du petit nombre d'habitans qui s'y trouvent, que par un sentier taillé dans le roc. Ceux-ci font un commerce de souliers et de bas de coton, qu'ils fabriquent eux-mêmes.

Saint-Eustache n'est qu'un rocher

d'environ 4 lieues de diamètre, et qui s'élève en forme de piramide. Les Hollandais l'ont embelli par de jolis établissemens, ce qui est ordinaire dans toutes leurs possessions. Lors de la guerre d'Amérique, l'Angleterre y envoya des forces considérables sous les ordres de l'amiral Rodney, qui s'en empara. Les Anglais ayant fait éprouver aux habitans mille vexations, sous le prétexte qu'ils avaient fourni des munitions à l'ennemi, ceux-ci appellèrent les Français à leur secours. M^r. de Bouillé arriva avec 300 hommes, attaqua de nuit les anglais, et leur enleva leur conquête.

Nous continuons notre route au sud-est, et nous abordons à l'île anglaise de *Saint-Christophe*. Elle tire son nom de Christophe-Colomb qui la découvrit, de même que toutes ces îles. Elle a 7 lieues de long et deux de large. On y voit de hautes montagnes, parmi lesquelles est la fameuse soufrière qui exhale une noire et épaisse fumée. Nous y trouverons aussi des bains chauds, des bains sulfureux, et une mer de sel. Les productions principales sont le sucre et le coton. Sur le côté, au sud-ouest, se trouve *Basse-terre*, sa capitale. Les Espagnols ont possédé d'abord cette île; mais ils l'abandonnèrent, comme n'étant pas digne de leur attention; elle est devenue très-importante entre les mains des Anglais.

Si nous poursuivons notre voyage, nous côtoyerons l'île anglaise de *Newis*, petite, mais fertile, et nous arriverons à une autre très-considérable, appelée *Antigoa*.

On la regardait autrefois comme sans avantage; elle est aujourd'hui le meilleur port des Antilles. Elle est si abondante en sucre, que l'on en tire par an 14,000 tonneaux, outre beaucoup de rhum et de sirop. Il s'y trouve 5,000 Européens, et 45,000 Nègres mulâtres et métifs. On nomme *mulâtres* les descendans des Européens et des Nègres, et *métifs* ceux des Européens et des Indiens.

Au sud d'Antigoa, et à la distance de 30 lieues, nous trouverons la *Guadeloupe*, île française, ainsi nommée par Colomb, parce que les montagnes y ressemblent à celles de ce nom en Espagne. Elle a 15 lieues de longueur et 13 de largeur. Elle consiste en deux petites îles séparées par un canal étroit ; l'une s'appelle basse-terre et l'autre grande - terre. On y apperçoit une montagne très - haute, d'où il sort de la fumée. Les plaines sont très-bien cultivées. Non loin de là sont les petites îles françaises de la *Désirade*, de *Marie-Galante* et *des-Saints*, qui rapportent du coton, du café et du sucre.

La route au sud nous conduit à *Dominique*, île anglaise, qui a 48 lieues de tour, et dont les Anglais se servent particulièrement comme un point de ralliement, pour intercepter le commerce en temps de guerre.

Près de là est une île, la plus considérable des possessions qu'aient les Français dans les petites Antilles ; c'est la *Martinique*. Elle était autrefois le centre de leur commerce et de leur puissance aux Indes-occidentales. Les Anglais s'en emparèrent au commencement de cette guerre, et l'ont possédée depuis ce moment. Elle a un circuit de 150 lieues ; elle est bordée de rochers, et arrosée de 40 rivières, dont plusieurs sont navigables. Avant 1780 on exportait de cette île 245,000 quintaux de sucre, et 79,000 quintaux de café par an, sans compter les cargaisons de soie, coton, indigo, cacao et tabac. On y comptait alors 11,620 blancs, 2,892 métifs et 71,268 esclaves. Le plus terrible fléau pour les habitans, est le nombre infini de fourmis qui y exercent de grands ravages. *Port-Royal* est le meilleur port de la Martinique ; mais Saint - Pierre en est la capitale. Les Français, comptant sur la restitution qui vient de leur en être faite, n'ont pas cessé de la regarder comme un des départemens de la France.

Une île moins importante est *Sainte-Lucie*, située vers le midi, et possédée par les Français jusqu'en 1794, où les Anglais s'en emparèrent. L'air en est mal-sain, le terroir montagneux, mais fertile dans les vallées.

Plus loin nous rencontrerons une île anglaise, nommée la *Barbade*, celle des Antilles qui est le plus au levant.

Elle a 78,300 habitans ; les rochers qui l'entourent ont plusieurs cavernes célèbres. Le climat y est sain, et l'industrie des habitans fait qu'elle est d'un produit considérable. C'est-là où l'on distille la liqueur connue sous le nom d'Eau-des-Barbades. l'Angleterre retire de cette île pour 300,000 livres sterling de sucre, sans compter toutes les autres productions ordinaires à ces climats.

Les Anglais qui y habitent vivent entiérement à l'européenne ; ils aiment le faste et les plaisirs. Chaque possesseur est une espèce de petit souverain ; quelques-uns ont jusqu'à 800 esclaves, sur lesquels ils ont tout pouvoir, hors celui de les faire mourir. Il s'ensuit que les nègres y sont traités très-durement. On traite mieux les blancs que l'on emploie au travail, quoiqu'on les y tienne aussi dans une espèce de servitude. Ceux-ci sont sous la protection immédiate des lois. On donne pour un homme 20 guinées, et au-delà s'il sait un métier ; les femmes ne sont estimées que la moitié. Les uns et les autres se vendent, pour ainsi dire, eux-mêmes, et recouvrent leur liberté à l'expiration du terme ; ce ne devrait être que l'engagement d'un soldat, mais cela ressemble beaucoup à l'esclavage.

Les Anglais débarquèrent pour la première fois dans cette île en 1625 ; ils n'y trouvèrent aucune espèce de quadrupèdes, ni d'indices qu'elle eût jamais été habitée. Il n'y avait ni herbes, ni rien qui pût servir à la nourriture de l'homme. Les arbres étaient si gros et si durs, que ce ne fut qu'avec une peine infinie que l'on parvint à opérer quelques défriche-mens.

Ce qui est digne de remarque, c'est que la population s'est montée, dans l'espace de 40 ans, à 50,000 blancs et autant de nègres. Elle s'était beaucoup augmentée dans la suite ; mais la prospérité des Colonies françaises lui avait fait du tort jusqu'à la révolu-tion, où la chûte de celles-ci a porté tous les établissemens anglais au plus haut degré de splendeur.

Sur la côte, au sud - ouest, est *Bridgetown*, capitale et la meilleure ville des Antilles anglaises. Elle est grande, bien bâtie, a des rues larges et de très-belles maisons. Celles qui s'y distinguent sont l'hôtel de la poste et plusieurs auberges, qui offrent aux voyageurs toutes les commodités que l'on peut trouver en Europe. Cette ville est encore remarquable, parce que c'est-là où se tient le marché principal des esclaves dans les Indes-occidentales. On y achète des nègres d'Afrique en gros, et on va les revendre en détail. Tous les ans on transporte ces nègres des côtes de Guinée en Amérique. Les Anglais en achetaient d'ordinaire environ 38,000 par an, les Français 10,000, les Portugais autant, les Hollandais 4,000 et les Danois 2,000. La manière dont on se procure ces nègres en Afrique, est horrible et révolte l'humanité : nous en parlerons dans le temps ; contentons-nous ici d'observer ce qui se rapporte à leur situation en Amérique.

Quand on les a réunis au marché nuds et accouplés comme des animaux, les acheteurs s'assemblent autour d'eux, leur examinent tout le corps, les tâtent pour voir s'ils ont la chair ferme, les font marcher, leur ordonnent de prendre toute espèce d'attitudes, et enfin ne négligent rien pour s'assurer qu'ils ont les qualités nécessaires pour le genre de travail auquel ils les destinent. Ceux qui ne veulent point aller au marché, en chargent des courtiers. Le prix d'un esclave se règle sur ses forces corporelles ; et tel est l'avilissement de ces malheureux, qu'ils s'estiment en proportion de la somme pour laquelle ils ont été vendus. Un nègre vigoureux, et à la fleur de l'âge, coûte 600 jusqu'à 1,200 francs. Les jeunes garçons et les filles valent moins. Le maître qui vient d'acquérir un esclave, a coutume de le marquer d'un fer chaud ; cependant il y a des endroits où l'on ne souffre point cette cruelle et douloureuse opération. Souvent ces infortunés ne reçoivent d'autres alimens que des moules. Leur unique vêtement est composé de quelques haillons, qui ne les garantissent, ni des chaleurs du jour, ni du froid de la nuit. On leur donne pour cela tous les ans quelques aunes d'une toile grossière. Leurs demeures ne sont que de misérables huttes; ils y couchent à terre ou sur des planches. Quelques bouteilles de courges et des écuelles de bois composent tous leurs ustensiles de ménage. Leurs surveillans sont d'ordinaire plus cruels encore que leurs maîtres. C'est à coups de fouet qu'ils les forcent impitoyablement au travail. Ils sont obligés de travailler depuis le point du jour jusqu'à la nuit, sans se reposer que pendant quelques légers intervalles, quoique l'excessive chaleur du climat rende l'exploitation extrémement pénible et fatigante.

Dans les grandes Antilles, où ils ne sont obligés de travailler que 10 heures par jour pour leurs maîtres, ils se reposent toute la journée les dimanches et fêtes. A la Jamaïque, ils ont encore tous les 15 jours un jour de liberté, tant pour cultiver quelques petits champs qu'on leur abandonne, que pour porter leurs denrées au marché. Il y en a qui en retirent jusqu'à 100 écus par an, et alors ils vivent dans l'abondance. Ils peuvent disposer en mourant des biens qu'ils ont acquis par le travail ; mais leurs enfans sont esclaves en naissant. Quand un nègre se marie, ce qu'il ne peut faire sans la permission de son maître, il aggrave encore sa position. C'est alors que sa femme devient bien plus malheureuse : non-seulement elle est obligée de s'acquitter tous les jours de la tâche qui lui est imposée ; mais elle ne peut se livrer aux soins maternels. Il faut qu'elle attache son enfant sur son dos quand elle va à l'ouvrage, sans pouvoir le garantir des rayons d'un soleil brûlant. Le père est témoin de ce spectacle, sans pouvoir y remédier. Le seul bonheur de ces infortunés est d'être pour l'ordinaire moins susceptibles de ces sentimens de la nature, dont l'éducation augmente la vivacité, mais que l'avilissement éteint.

L'esclave ne saurait implorer l'appui de la justice contre son oppresseur; car le témoignage qu'il rendrait contre un blanc, serait regardé comme nul. Le maître peut le vendre à son gré, et en dispose souvent en faveur d'un barbare créancier. Seulement les descendans d'un noir et d'un blanc, après trois générations, reçoivent les priviléges des blancs, et s'appellent nègres libres.

Il y a néanmoins des maîtres humains et sensibles au malheur de cette classe d'hommes, qui ne les traitent pas avec cette dureté. Ils leur donnent une meilleure nourriture, comme de la farine, des légumes, de la viande salée ; et ils ne leur imposent point un travail aussi pénible. Tout dépend en général du gouvernement, qui autorise ou défend la tyrannie. Il faut dire que la manière dont on en use aujourd'hui n'est point aussi dure qu'autrefois. Leur sort s'est amélioré, sur-tout depuis que l'exemple de la révolte des Colonies françaises a fait naître l'esprit de liberté chez les nègres et la crainte chez les colons. L'on est parvenu généralement à se convaincre de toute l'horreur qu'offre cet odieux commerce. Les Français l'ont déjà fait, puisque même ils leur ont rendu à tous une liberté qui a causé tant de ravages dans leurs colonies. Le parlement d'Angleterre a déclaré,

déclaré, par un acte qu'a fait rendre le généreux Wilberforce en 1792, que la traite des nègres doit cesser peu-à-peu. Les Danois ont fixé pour eux ce terme en l'an 1803, et les Bataves céderont sans doute aux réclamations de l'humanité.

Les nègres jouissent d'ordinaire d'une santé robuste, pourvu qu'on les ménage. Ils sont naturellement doux, dociles, crédules, et extrêmement superstitieux. Sensibles aux bienfaits, ils en témoignent leur reconnaissance par beaucoup d'attachement pour leurs bienfaiteurs. Ils se soumettent sans murmure aux châtimens qu'ils ont mérités; mais ils se révoltent aux mauvais traitemens. Alors ils deviennent hardis, féroces, entreprenans; ils cherchent à se venger, le font souvent avec une cruauté inouïe, et après avoir caché long-temps leur ressentiment. N'ont-ils aucun moyen d'exercer leur vengeance, ils se donnent la mort. Ils ne la craignent pas, quoique naturellement poltrons, parce qu'ils croient qu'elle les transportera dans leur ancienne patrie. L'esclave se ressemble

par-tout: il porte patiemment ses chaînes
tant qu'elles ne sont point insupportables : mais il les rompt, et devient un
monstre quand son tyran le pousse à
bout.

Heureusement, pour les nègres,
qu'ils sont insoucians, indifférens aux
peines de la vie, et presque insensibles
à la douleur. Ils ne pensent ni à l'avenir ni au passé ; ils n'ont de sensations
que pour le présent. Ils sont joyeux
quand ils ont de quoi satisfaire leur
faim, quand ils peuvent danser, chan-
ter et se parer ; ce qui leur tient fort à
cœur. Ils aiment si passionnément la
danse, que le samedi, après leur travail, ils font plusieurs lieues pour
aller jouir de ce plaisir tout le diman-
che, jour qu'on leur laisse d'ordinaire
pour se reposer.

Telle est la condition où la cupidité
a condamné cette classe d'hommes
infortunés, pour laquelle l'humanité
réclame depuis si long-temps. C'est à
la vue de ce tableau que l'auteur de
l'Histoire des Deux-Indes s'écrie,
emporté d'une sainte horreur :

« Féroces Européens, peu s'en fallut
» que vous doutassiez si les habitans

» des contrées que vous avez décou-
» vertes, n'étaient pas des animaux
» que l'on pouvait égorger sans re-
» mords, parce qu'ils étaient noirs et
» que vous étiez blancs. Vous prétex-
» tâtes qu'ils n'étaient pas chrétiens,
» pour les asservir aux lois les plus
» dures; et peu s'en fallut que vous
» ne leur enviassiez la connaissance
» de Dieu, notre père commun, parce
» qu'ils ne l'adoraient pas comme vous.
» Mais quand vous leur eûtes permis
» de lever les yeux et les mains vers
» le ciel; quand vous les eûtes initiés
» dans vos cérémonies et vos mystères;
» quand vous les eûtes associés aux
» prières, aux offrandes et aux espéran-
» ces d'une religion commune; quand
» vous les eûtes avoués pour frères, en
» foulâtes-vous moins aux pieds cette
» consanguinité sacrée ? Vous les avez
» rapprochés de vous, et vous allez
» au loin les acheter; vous en faites
» un odieux commerce; vous vendez
» des hommes comme un vil troupeau
» de bêtes ! Pour repeupler une partie
» du globe que vous avez dévastée,
« vous en corrompez et dépeuplez une

» autre ! Anglais, Français, Portu-
» gais, Espagnols, si je vous de-
» mande pour quel avantage vous sa-
» crifiez tant d'hommes ; quel profit
» vous retirez de tant de barbarie ;
» vous me répondrez : de l'or. Et à la
» vue de ce métal, jamais le moindre
» remord ne vous parlera en faveur de
» l'humanité outragée ! etc. »

De la *Barbade* nous allons à *Saint-Vincent*, autre île anglaise ; elle s'annonce au loin par de hautes montagnes, dont l'une renferme un volcan qui vomit continuellement de la fumée. Les vallons et les plaines y sont très-fertiles. Le nombre des habitans est de 13 à 14,000. L'exportation annuelle va au-delà de 3 millions. Les Anglais y ont fait une plantation de caneliers.

Cette île est remarquable, parce que c'est le chef-lieu des Caraïbes. C'est ici que nous rencontrons ce peuple célèbre de l'Amérique, qui est bien loin aujourd'hui d'être aussi nombreux qu'autrefois : les Européens l'ont presque entièrement exterminé.

Les *Caraïbes*, nommés aussi Canni-bales, et dont la cruauté a passé en

proverbe, étaient les habitans des Antilles lorsque les Espagnols les dé-
couvrirent, et voulurent en prendre
possession. Ces peuples vivaient entièrement suivant la nature; ils n'a-
vaient ni les grands vices ni les grandes
vertus qui naissent de la civilisation.
Leur religion se bornait à l'opinion
la plus naturelle à l'homme, et qu'on
trouve répandue chez toutes les nations
barbares; c'est-à-dire, qu'ils croyaient
confusément à un bon et à un mauvais
principe. Le vol leur était inconnu;
et quand on le leur a reproché dans
la suite, ils ont toujours accusé les
Européens de l'avoir introduit parmi
eux. Ils ne cultivaient point leurs
terres, vivaient du produit de leur
chasse; et leur sobriété diminuait leurs
besoins. Ils accueillirent les Espagnols
à leur arrivée; mais comme chez eux
ils étaient tous égaux, et ne connois-
saient que l'empire du fort sur le faible, ils furent étonnés de la discipline
de ces étrangers, et ne pouvaient concevoir que le plus faible commandât
au plus fort. Quand les Espagnols
voulurent les réduire à l'esclavage,

leur fierté s'indigna. Ils se réunirent pour résister à l'ennemi commun, et c'est alors où ils exercèrent toute espèce de cruautés. Ils furent souvent vaincus , mais jamais soumis. Les Espagnols se virent enfin obligés d'abandonner les lieux où ils étaient en plus grand nombre. Les Anglais et les Français se joignirent dans la suite à leurs oppresseurs , et détruisirent une partie de ces peuples ; là où ils n'y purent point parvenir, ils conclurent des traités de paix. C'est ainsi que, malgré l'établissement des Européens dans leur pays, il s'en est toujours conservé une partie. Ce sont les mœurs de ceux qui s'y trouvent encore que nous allons décrire.

Les Caraïbes sont d'ordinaire grands, bienfaits et vigoureux. Leurs cheveux sont noirs et peignés avec soin ; ils s'arrachent la barbe dès qu'elle commence à paraître. Un trait de beauté chez eux est d'avoir le front applati ; et pour lui donner cette forme de bonne heure, ils pressent à leurs enfans la tête entre deux planches : car c'est une erreur de croire qu'ils vien-

nent au monde avec un front moins
voûté que le reste des hommes. Ils
vont nuds, excepté un petit tablier
que portent les deux sexes. Ils se peignent le corps en rouge; ce qui leur
donne la couleur d'une écrevisse. Leur
tête est couverte d'une espèce de bonnet, ou bien ils se l'environnent d'une
couronne de grandes plumes. Leurs
principaux ornemens sont de petits os
passés par les lèvres qu'ils se percent
à cet effet; des perles de verre et des
pierres de toutes les couleurs qu'ils
s'attachent au nez et aux oreilles, et
des brasselets à la partie supérieure et
inférieure du bras. Les femmes portent en outre, autour du cou et des
jambes, des cordons dans lesquels
sont enfilés des perles de verre. La
plus grande parure des hommes est
de larges plaques de cuivre en forme
de croissans et enchassées dans des
bois précieux. Cette décoration sert
aussi à distinguer les chefs de la nation. Les hommes ont ordinairement
autour du corps une ceinture à laquelle
est attaché un grand couteau; à leur
cou est suspendue une petite flûte dont

ils jouent assez singulièrement. Leur triomphe dans la musique est lorsqu'ils parviennent à imiter le chant des oiseaux. Ils se défigurent le visage par des raies noires, afin de se donner un air guerrier et redoutable.

On dit que la langue de ces Américains est très-riche en expressions qui désignent les objets sensibles. Dans les conseils publics les hommes font consister leur éloquence à employer des termes extraordinaires et entièrement inconnus à la multitude, et surtout aux femmes. Le Caraïbe est sombre et sérieux : il montre cependant de la gaîté dans certaines circonstances. Il est sociable, sensible aux bons procédés ; mais la moindre injure excite sa fureur, et la vengeance suit toujours de près : il saisit sa massue ou son couteau, et frappe sur-le-champ. S'il tue celui qui l'a offensé, et que ce dernier n'ait point de parens, la querelle est terminée ; mais dans le cas contraire, les parens se font un devoir de se venger du meurtrier, qui alors n'a de sûreté que dans la fuite. De cette manière l'inimitié ne finit chez eux qu'avec la vie, et la réconciliation leur est inconnue. Souvent ne pouvant se venger sur-le-champ, ils renferment leur ressentiment pendant des années entières, et le font éclater dès que l'occasion se montre favorable. C'est pour cela que les parens d'un homme mort, examinent toujours son corps avec attention, pour se convaincre que sa mort a été naturelle; car si cela n'était pas, il faudrait venger le meurtre.

Avant d'enterrer leurs morts, ils les enduisent d'une couleur rouge à l'huile, et les déposent ensuite dans des fosses qui ont sept piéds de profondeur; de sorte que le cadavre s'y tient debout. On ensevelit avec eux leurs arcs, leurs flèches, leurs massues et leurs couteaux.

Les Caraïbes se procurent quelquefois par leur commerce avec les Européens, des fusils, des pistolets et des sabres. Ils se servent de ces armes avec adresse. Ils sont dans l'usage d'empoisonner leurs flèches. Leurs guerres sont terribles: s'ils font des prisonniers, ils en dévorent plusieurs sur-le-champ dans les premiers transports de la victoire ; mais quand ils redeviennent calmes, ils épargnent le reste et toujours les femmes et les enfans.

Le sentiment de la liberté s'est conservé chez ces peuples, malgré leur voisinage des Européens. Ils ne sauraient supporter ni ordres ni reproches, et agissent toujours d'après leurs propres idées. C'est pour cela qu'on ne peut les réduire, et encore moins leur confier quelque chose; car ils desirent de posséder tout ce qu'ils voient. Avec tout cela on apperçoit en eux un sentiment naturel pour le juste et l'injuste, qui fait que souvent ils mettent dans leurs procédés plus de bonne foi que les nations civilisées.

Lorsqu'un Caraïbe a envie de quelque chose, il donnerait tout ce qu'il a pour se le procurer. Souvent, pour acheter une bagatelle, ils entreprennent dans la saison la plus rigoureuse de longs voyages, et alors ils donnent avec plaisir tout ce qu'ils ont porté avec eux. Des corbeilles qu'ils font très-artistement, des perroquets, de la volaille, des ananas, des moules; voilà les marchandises qu'ils viennent

offrir aux Européens, et qu'ils échangent contre des couteaux, des haches,
de la toile, des perles de verre et sur-
tout de l'eau-de-vie. Si quelquefois
on leur donne de l'argent, il faut qu'il
brille bien pour leur plaire. Quand
l'Européen veut faire un bon marché,
il compte la monnaie sur plusieurs
lignes. Le Caraïbe juge de la somme
par la surface et croit gagner beaucoup. Mais dès que le marché est
conclu, il faut se hâter d'emporter les
marchandises; sans quoi l'Américain
s'avise quelquefois de s'en emparer de
nouveau, sans cependant rendre l'argent.

Ils se bâtissent des maisons qui ont
60 pieds de long et 5o de large. Ce
sont des poteaux plantés en terre, réunis par des lattes, et couverts de feuilles
de palmier. La cuisine forme toujours
une pièce à part. A l'une des extrê-
mités de la chambre où habite la famille, on allume le feu autour duquel
les hommes se rassemblent pour fumer
du tabac, ce qui est leur grande passion. Ils exercent l'hospitalité avec
tous les étrangers indistinctement. Ils

ne mettent point de sel dans leurs alimens, mais ils les assaisonnent de
sucre, de citrons, de piment et de
poivre d'Espagne. Il n'y a que les
écrevisses qu'ils font cuire à l'eau :
d'ailleurs ils grillent ou rôtissent tout.
Quand ils ont une petite pièce de rôti,
ils l'attachent à une broche de bois
plantée en terre ; pour les grandes ils se
contentent de les jetter dans un feu
ardent, sans ôter les plumes ni les en-
trailles. Les hommes mangent les premiers et sont servis par les femmes,
qui desservent ensuite et vont manger
les restes dans la cuisine avec leurs
enfans.

Leur courage est intrépide ; on les
voit s'exposer sans crainte à une mer
orageuse. Leurs barques ont ordinairement 42 pieds de long sur 7 de large ;
ce n'est qu'à force de rames qu'ils les
font mouvoir : ils ne connaissent point
l'usage des voiles.

Quelques-uns de ces demi-sauvages
ont embrassé le christianisme ; mais
les autres adorent le soleil et la lune,
sans culte, temples, ni cérémonies. Ils
regardent leur être-suprême comme

parfaitement heureux, mais ils croient même que pour cette raison il ne doit pas s'embarrasser des hommes. Dans quelques endroits ils adoptent de bons et de mauvais génies; alors ils ont des prêtres qui sont en même temps devins. Chacun a son Dieu particulier qui l'inspire, et dont il vend les révélations.

Sans avoir un gouvernement réglé, les Caraïbes reconnaissent des chefs. D'ordinaire ce sont les pères des familles les plus nombreuses, mais ils n'exercent réellement leur autorité qu'en temps de guerre. On choisit entre eux, quand il s'agit de marcher contre l'ennemi, un Cacique qui commande l'armée. Ce choix tombe toujours sur quelqu'un qui s'est déjà acquis quelque gloire militaire : il faut qu'il se distingue par une supériorité dans les forces du corps et par beaucoup d'éloquence.

Sans quitter la patrie des Caraïbes nous suivrons notre route, et nous arriverons à l'île anglaise de la *Grenade* ou *Grenadines*; groupe de 12 petites îles. La première est très-fertile, bien pourvue d'eau, et rapporte une grande quantité de café et de cacao. On y compte 1,000 blancs et 24,000 noirs. C'est dans cette île que les Français, qui s'y étaient d'abord établis, eurent à soutenir une guerre terrible contre les naturels du pays. Une poignée de Caraïbes se défendit long-temps avec une vigueur qui fit plus d'une fois lâcher prise à leurs ennemis. Ils n'ont succombé que sous le poids du nombre et de la supériorité des armes.

Au sud-est vient l'île française de *Tabago*, riche en productions des Indes, mais mal cultivée ; ce qui en rend le commerce de peu d'importance. Au sud-ouest on rencontre *la Trinité* : celle-ci appartient au Roi d'Espagne. Elle est très-fertile et d'une grande étendue. On y trouve d'excellent bois de construction, beaucoup d'anis qui y croît sans culture ; mais les principales productions sont le sucre et le tabac.

Si nous tournons à l'ouest et que nous passions les îles espagnoles de *la Marguerite*, où il y a des bancs de perles et de *Salsa-Tortuga*, ensuite les îles hollandaises de *Buéraire* et *d'Aves*, nous arriverons à l'île de Curascao, que les Hollandais possèdent également. Ce n'est qu'un rocher que l'industrie des hommes a rendu fertile. Il y manque d'eau douce, car il n'y a qu'un seul puits dont on vend l'eau. Le plus grand avantage qu'offre cette île, est de servir aux Hollandais de lieu de contrebande avec tous les établissemens des Espagnols sur le continent. Ceux-ci y apportent eux-mêmes leurs marchandises, et les échangent contre les ouvrages des fabriques d'Europe. Le chef-lieu est *Wilhelmstadt*, une des villes des Indes-occidentales, les plus belles et les plus régulièrement bâties. Elle a un très-bon port. Les juifs y ont une synagogue. Le fort se nomme *Amsterdam*. Près de là à l'occident est la petite île d'*Amba*.

Nous avons parcouru jusqu'à présent les *Indes-occidentales*, ou les îles situées dans le golfe du Mexique, depuis le deux cent quatre-vingt-douzième jusqu'au trois cent dix-huitième degré de longitude ; et du dixième jusqu'au vingt-huitième de latitude septentrionale, c'est-à-dire, sous la zône torride. Le climat, les saisons et la température de l'air y diffèrent entièrement de notre hémisphère. On ne connaît aux Antilles que deux saisons, que l'on appelle mal-à-propos hiver et été. L'été dure depuis le mois de novembre jusqu'au mois d'avril. C'est le temps de la sécheresse, pendant lequel il ne tombe absolument point de pluie, et où la chaleur est excessive. On nomme hiver la saison des pluies; sept mois se passent dans des ouragans et des tempêtes presque continuelles. Les pluies sont si abondantes, qu'il tombe souvent dans une semaine autant d'eau que pendant un an dans nos pays. Elles rafraîchissent l'air, mais l'humidité qu'elles produisent cause beaucoup de maladies. On concevra aisément que dans un semblable hiver il n'y a ni glaces ni neiges; il est néanmoins très-favorable à la végétation. On voit tout renaître, tout verdir et porter des fleurs. Les animaux terrestres et marins se montrent en plus grande abondance, tandis que d'un autre côté les ouragans et souvent des tremblemens de terre, exercent des ravages épouvantables.

Les Antilles sont en général fertiles. Les productions qui y croissent ou naturellement ou au moyen de la culture, sont le maïs, le riz, le manioc, la canne à sucre, le piment, le gingembre, le sassafras, le jalap, l'aloès, l'indigo, le cacao, la casse, le tabac, le café, le coton, les oranges, les citrons, les figues, les tamarins, le storax, les palmiers et les cocotiers, le bois d'acajou, de mancelinier, de gayac, de roses, d'ébène et de fer, les bois de teinture, la résine, le bambou, etc. Comme il est utile de connaître la nature de ces diverses productions, nous dirons un mot de chacune.

Le *Maïs* est originaire d'Afrique; c'est le même que l'on nomme chez nous bled de Turquie. Non-seulement il sert à la nourriture des hommes et des animaux, mais on l'emploie dans la composition de la bière et de l'eau-de-vie, par le moyen de la fermentation. Il y a en Amérique une espèce de grand maïs dont la tige a souvent 18 pieds de haut.

Le *manioc* croît naturellement, mais on le cultive aussi dans les Colonies. Sa racine, de 15 pouces de long et 4 de large, sert de nourriture à plusieurs peuples d'Amérique, qui en font une espèce de pain. Crue, c'est un poison mortel ; mais elle est purifiée par la cuisson.

Le *riz* est une production particulière aux pays chauds ; sa tige a 4 pieds de haut, et ressemble à celle du roseau. L'épi, en forme de bouquet, renferme des grains blancs et transparens. On les en retire en les foulant aux pieds.

Le *piment*, ou poivre de la Jamaïque, est le fruit d'un arbre qui a environ 16 pieds de haut, dont les fleurs blanches se changent en baies vertes et deviennent brunes quand elles ont atteint leur entière maturité. Mais afin qu'elles conservent leur goût aromatique, on les cueille avant qu'elles soient parvenues à ce point.

Le *gingembre* est une espèce de roseau dont la racine sert d'épices, quand on la fait sécher et réduire en poudre.

Le *sassafras* est une espèce de laurier, qui a 10 pieds de haut ; le bois, l'écorce et la racine servent particulièrement dans la médecine.

Le *jalap* est une plante dont les tiges, rampantes comme le lierre, s'attachent à d'autres plantes jusqu'à la hauteur de 10 pieds. On se sert de la racine en médecine.

L'*aloës* ou l'*agave* est une plante beaucoup plus grande que celle qui croît dans nos climats. Elle ne fleurit que tous les 20 ans. On en retire une gomme-résine utile en médecine.

L'*indigo* a 4 pieds de haut et beaucoup de feuilles et de branches, dont on tire la fécule qui, préparée, produit la couleur connue sous le nom d'*indigo*.

Le *cacooyer* est un arbre de 12 pieds de hauteur et de 8 d'épaisseur, dont le fruit, en forme de gland, contient ces amandes qui, broyées et mêlées avec le sucre et plusieurs épices, nous fournissent le chocolat.

Le *cassier* est le canelier sauvage, dont on emploie souvent l'écorce en Europe à la place de la véritable canelle.

Le *caffier* est un arbrisseau qui porte des baies grosses comme de petites cerises. Elles renferment deux graines convexes d'un côté, plates de l'autre, que l'on sèche; et c'est-là le café, dont l'usage est si généralement répandu en Europe que, particulièrement dans tout le nord, il n'y a pas jusqu'au plus menu peuple qui n'en use abondamment.

Le *cotonnier* est un arbrisseau que l'on sème au printemps et qu'on coupe en automne. Il n'a que trois pieds de haut. Il porte une fleur jaune, puis un fruit en forme de gousse, où est renfermé le coton. La gousse s'ouvre d'elle-même quand elle est mûre. Il y a une espèce de cotonnier qui a 8 pieds de haut, mais qui ne produit point annuellement.

Le *tamarin* est plus haut; il produit de longues et grosses gousses qui renferment des semences noires, renfermées dans une moëlle épaisse et noirâtre. Cette moëlle a un goût aigre et s'emploie en médecine.

Le *storax* parvient à une hauteur

considérable. Il a des feuilles à cinq pétales, et, à l'extrêmité de ses branches, des fleurs d'un jaune rougeâtre. Le bois en est blanc ; on l'emploie en menuiserie. Cet arbre est sur-tout estimé à cause d'un baume odoriférant, que l'on en tire en faisant des incisions dans l'écorce.

Le *cocotier* est du genre des palmiers : il a 80 pieds de haut. Les feuilles qui croissent à sa cîme ont 10 pieds de long et 2 de large. Il a toujours des fruits et des fleurs : il produit des noix dont on tire une eau excellente. Le fruit est entouré d'une espèce de filet que l'on tricote et dont on fait des tissus. La coquille sert en guise de gobelet. Quand on coupe les tiges des fleurs, il en découle une eau que l'on boit en place de vin. Le bois, la moëlle et les feuilles de l'arbre ont aussi leur utilité.

L'*acajou*, que dans beaucoup d'endroits on appelle *mahagoni* ou *mahoni*, croît sur les rochers ; et, malgré le peu de nourriture qu'il y trouve, sa végétation est si active et son accroissement si prodigieux, que son tronc a ordinairement 4 pieds de diamètre, et que l'épaisseur de ses racines fait fendre le roc. Cet arbre est renommé à cause du beau bois, d'un rouge brun, dont les menuisiers d'Europe font des meubles si magnifiques. Il n'y en a pas qui soit susceptible d'un poli plus parfait. En Amérique, on en construit des vaisseaux ; les sauvages en font des canots d'une seule pièce en creusant son tronc.

Le *mancelinier* donne un suc laiteux et vénéneux dans lequel les sauvages trempent la pointe de leurs flèches pour les empoisonner. On en emploie le bois dans la tableterie.

Le *gayac* fournit un bois noirâtre, à raies jaunes et vertes, dur, difficile à travailler, et si lourd que dans l'eau il coule à fond comme de la pierre. On en fait de beaux ouvrages de tableterie; et dans la médecine la racine et la résine qui en découle, sont employées comme un remède très - violent. Les ébénistes se servent des bois de *rose*, d'*ébène* et *de fer*. Ce dernier tire son nom de son extrême dureté. On en fait usage à la guerre pour faire passer les pièces de canon les plus lourdes dans des bourbiers et des marais.

L'arbre qui fournit le *bois satiné*, croît principalement dans la Jamaïque. Il est remarquable par la beauté de son bois jaune, qui a un lustre moiré comme le satin. On en fait de très-beaux meubles. Il croît aussi dans cette île un arbre dont le bois est entièrement semblable à l'acajou, mais dont la nature est très-différente. Les Anglais prétendent que c'est-là le véritable acajou ; les ébénistes de France le confondent avec l'autre.

Le bois de *Campéche* et le bois de *Brésil* servent à la teinture.

La *canne à sucre* est un roseau qui pousse une tige noueuse de 7 à 10 pieds et d'environ un pouce de diamètre. Elle croît particulièrement dans les lieux gras et humides. La plantation en est facile. On couche les tiges dans des sillons préparés. De chaque nœud s'élève un rejetton qui commence à paraître au bout de huit jours, et mûrit dans l'espace de quinze à dix-huit mois, plutôt même dans quelques endroits. Lorsque ces tiges sont mûres, après en avoir ôté les feuilles, qui sont d'un verd foncé et semblables à celles du roseau, on les écrase sous des meules : on en retire une liqueur douce, visqueuse, qu'on nomme *miel de canne*. Le *sucre* est le sel essentiel qu'il renferme. Cette liqueur étant très-susceptible de fermentation, au lieu de retirer le sucre par cristallisation, on emploie la voie de la coagulation, qui est beaucoup plus prompte. On met ensuite ce miel dans des chaudières sur le feu. On y ajoute de temps en temps de la lessive de cendres et de l'eau de chaux. La liqueur se clarifie, se coagule ou cristallise confusément ; elle devient ce qu'on nomme la *moscouade*. Il en reste une qui en découle, après qu'on a versé toute la masse dans de grands tonneaux ; on l'appelle *mélasse*. Fermentée, on en tire le vin de canne, et par distillation une eau-de-vie de sucre connue sous le nom de *taffia* ou *rum*. Pour purifier la moscouade, on la fait fondre dans l'eau. Après avoir réitéré cette opération, elle paraît sous la forme connue de cassonade.

cassonade. On la met dans des vases de terre de forme conique, percés au sommet; on verse dessus de la terre blanche délayée dans de l'eau. Cette eau, en filtrant à travers la cassonade, la dépouille de toutes les parties mieilleuses, et c'est ainsi qu'on parvient par degrés à obtenir le sucre le plus fin et le plus pur.

Le sucre que l'on a le plus épuré, est sec et sonore; frotté dans l'obscurité avec un couteau, il donne un éclat phosphorique.

On nomme *sucre candi* celui que l'on conserve sous sa première forme de cristallisation. La nature du sucre varie suivant celle du terroir qui le produit, et suivant le procédé qu'on emploie pour le raffiner. Le sucre du Brésil est moins blanc, plus huileux et plus gras que celui de Saint - Domingue et de la Jamaïque. Celui d'E-gypte est plus doux que celui d'Amérique.

On retire du bambou et de l'érable du Canada, un sel essentiel analogue à celui du sucre. On a fait depuis quelques années des essais pour en

retirer de plusieurs de nos plantes pota-
gères, telles que carottes, betteraves,
poirées blanches et rouges. Ces expé-
riences ont eu, particulièrement à
Berlin, un succès qui fait espérer
que l'on pourra tirer parti de cette
découverte.

Outre les animaux domestiques que
les Européens ont transportés aux
Indes, et qui s'y sont propagés, malgré la différence du climat, on trouve
ces mêmes espèces sauvages, tels
que bœufs, chevaux, chiens, porcs,
etc.; la volaille y abonde, sur-tout
à la Jamaïque : on y voit des perroquets, ainsi que beaucoup d'autres
oiseaux, parmi lesquels nous ne remarquerons que *la petite fauvette à
gosier jaune* de Saint-Domingue. Elle
a un chant très-agréable. Elle pond
deux ou trois fois par an ; fait son nid
avec de l'herbe séchée et de petites racines entrelacées avec beaucoup d'art,
et le suspend à la pointe d'une branche
inclinée vers l'eau. L'intérieur de ce
nid est extrêmement industrieux.

Il ne se trouve point de bêtes féroces
dans les Indes-occidentales; mais ces

diverses îles abondent en poissons de toute espèce, sur-tout en tortues, crocodiles, lézards et serpens. Parmi les lézards, le plus grand est le *léguana* ou *iguane* qui a, depuis la tête jusqu'à la queue, une rangée de pointes dures comme les dents d'un peigne, qu'il roidit et étend à volonté. Sa peau est bleuâtre et couverte d'écailles luisantes. Au moyen de ses longues grifes, il s'attache aux rochers les plus escarpés. Sa chair est tendre, blanche et de très-bon goût. La femelle est ovipare. Quelques îles ont des abeilles.

L'Amérique méridionale.

En quittant les Indes, nous nous dirigeons à l'ouest, à travers la mer des Caraïbes. Nous allons mouiller dans le fleuve Surinam, et nous débarquons à *Paramaribo*. C'est ici que nous arrivons sur le continent du nouveau-monde et dans la partie nommée *Amérique-méridionale*.

Nous nous trouvons dans la *Guyane hollandaise*. *Paramaribo*, qui en est la ville la plus considérable, est à douze lieues de la mer; elle contient

1400 maisons de bois, dont la plupart sont régulièrement bâties, et à deux étages. Les rues sont alignées au cordeau, bordées à droite et à gauche d'orangers qui, fleurissant deux fois par an, répandent une odeur délicieuse ; mais l'eau n'y est pas bonne. Il y a quelques beaux édifices : on retrouve par-tout le luxe et la profusion des Hollandais dans la magnificence de leurs meubles. Le nombre des habitans se monte à 5,000 blancs. On y mène une vie très-agréable ; tous les plaisirs de l'Europe, jusqu'aux spectacles, y sont connus. Le luxe de la table et de l'habillement y est aussi grand qu'en quelqu'endroit que ce soit ; toutes nos modes y sont exactement suivies. Les citrons y sont si communs, que dans les grandes maisons on se sert du jus de ce fruit pour laver les sallons : tant est grand le goût des Hollandais pour l'extrême propreté !

La ville a un beau port qui est très-fréquenté. Les forts d'*Amsterdam*, de *Nassau*, et plusieurs autres en défendent l'approche.

Le plus bel établissement des Hollandais, dans la Guyane, est *Surinam*, dont la ville que nous venons de décrire est le chef-lieu. Les Portuguais ayant enlevé aux Hollandais le Brésil, et ces derniers ayant été chassés également de toute l'Amérique - septentrionale, ils se trouvaient réduits à leurs établissemens des Indes-orientales; ils traitèrent avec les Anglais pour avoir Surinam, seul endroit où ils puissent s'établir. C'était un pays très-marécageux; ils le desséchèrent comme ils avaient fait autrefois de la Hollande, avec cette patience qui est un des traits les plus remarquables du caractère de cette nation.

La rivière de Surinam a donné son nom à cet établissement, qui, dans les mains des Hollandais, s'est élevé à l'état le plus florissant. Il produit toutes les denrées des colonies. On dit que l'exportation de ces diverses productions se monte à 16 millions par an, ce qui prouve la richesse des propriétaires. On n'a point encore assez desséché les marais pour empêcher que l'air n'y soit extrêmement mal-sain. D'ailleurs la rivière, qui déborde très-souvent, y entretient une continuelle humidité. On compte à Surinam 90,000 nègres. Comme on y traite fort mal ces malheureux, ils désertent de temps en temps, et se réfugient dans les bois, où ils ont établi à leur tour une colonie redoutable. Souvent ils font des incursions sur les habitations voisines et se vengent cruellement.

Lorsqu'en 1795, les Français entrèrent en Hollande et renversèrent son gouvernement, le Stadhouder se réfugia en Angleterre. Malgré qu'il eût donné la démission de toutes ses charges avant son départ, il ne laissa pas d'envoyer des vaisseaux dans toutes les colonies des Provinces-Unies, avec ordre aux commandans des places de les remettre aux Anglais. Le nouveau gouvernement hollandais ayant pressenti la chose, envoya, vers le même temps, dans tous les divers établissemens pour y donner avis de la révolution qui s'était opérée ; de sorte que lorsque les Anglais se présentèrent, ils ne trouvèrent dans les habitans aucune disposition de se livrer à eux. Cela ne les empêcha pas de s'emparer de *Démérari*, autre colonie qu'avaient fondée les Hollandais sur le fleuve de ce nom, mais qui ne faisait que de naître. Les Anglais, au bout de trois ans, l'ont augmentée d'un si grand nombre d'habitations, que les produits ont été doublés. Enfin, en 1799, ils se sont rendus maîtres de *Surinam*, moins à force ouverte que sur l'invitation des habitans, qui se trouvaient ruinés par les effets de la révolution, et par la stagnation du commerce. D'après les préliminaires de paix avec l'Angleterre, ces deux établissemens doivent rentrer sous la domination batave.

Avant de quitter ce pays, nous parlerons de quelques plantes et de plusieurs animaux qui, par leur singularité, méritent de fixer notre attention. L'humidité, jointe à la chaleur du climat, y attire beaucoup de serpens, et entr'autres un serpent d'eau nommé *Boa*, qui a souvent dix aunes de long et une aune de circonférence. Il est d'un gris noirâtre; les côtes et le ventre sont d'un jaune brun ; sa tête large, applatie et petite en comparaison du corps, a une gueule énorme, armée de deux rangs de dents ; sa queue est remarquable par deux griffes au moyen desquelles il saisit sa proie. Il habite les lieux bas et marécageux. Ces serpens ne sont point venimeux, mais néanmoins très-redoutables, à cause de leur force, de leur agilité et de leurs dents très-aiguës : ils attaquent les hommes et les plus gros animaux. La manière dont ils s'y prennent est curieuse ; ils s'attachent avec leur queue à un arbre ; quand l'objet dont ils veulent faire leur proie passe, ils se précipitent sur lui et l'étouffent dans les replis tortueux de leur corps, puis ils en sucent le sang et dévorent tout jusques aux os, qu'ils brisent et triturent entre leurs dents. Mais après un tel repas, ils sont incapables de se remuer, et c'est alors qu'on les tue facilement. Les Nègres et les Indiens, qui mangent leur chair et se servent de leur graisse pour guérir les blessures, les dépouillent de leur peau d'une manière assez singulière. Ils suspendent le serpent à un arbre, au moyen d'une corde passée au-dessous de la tête. L'un d'eux monte sur l'arbre, un couteau à la main, détache la peau près de la tête, embrasse ensuite l'animal, et, en se glissant le long de son corps, il lui arrache la peau d'un bout à l'autre.

Le *pipal* ou crapaud de Surinam est le double plus grand que le nôtre, mais en même temps plus plat. C'est principalement sa manière de se propager qui le rend remaquable. Lorsque la femelle a déposé le frai, le mâle le prend avec sa patte, qui est fendue à six doigts, le lui frotte sur le dos qui est couvert de pustules et l'y attache. Au bout de quelques jours, les petits paraissent sur le dos de la mère et y restent jusqu'à ce qu'ils aient grossi assez pour entrer dans l'eau. Le pipal, séché et réduit en poudre, est un poison dangereux.

Le plus grand fléau contre lequel aient à lutter les habitans de Surinam, est la quantité de *mosquites* ou *mousquites*, espèce de cousins dont la piqûre occasionne de vives inflammations. Souvent même ces insectes, qui sont extrêmement petits, s'introduisent

E 5

sous l'épiderme et produisent des abcès qui deviennent dangereux. On a coutume pour s'en garantir, de brûler du tabac dans les appartemens, de laver les parties du corps, qui sont les plus exposées à leur atteinte, avec du vinaigre ou du jus de limon, et de coucher dans des lits entourés d'un rideau de gase claire qu'on nomme *mousquilier* ou *moustiquaire*.

L'araignée de Surinam, ou *phalange*, est redoutable par sa morsure : elle est hideuse ; tout son corps est velu, et de la grosseur d'un œuf. Elle habite sur les arbres, se nourrit de fourmis, ou suce le sang des petits oiseaux qu'elle attaque dans leurs nids. Elle aime sur-tout celui du colibri, et fait à cet oiseau une guerre éternelle. Sa bouche est armée de deux crochets forts et écailleux, que les Indiens enchassent dans de l'or et dont ils se servent en forme de curedents. On prétend qu'ils se préservent ainsi de la carie et du mal de dents. Cet animal a aussi ses ennemis ; ce sont les *fourmis de visite*, essaims innombrables, qui dans leurs courses attaquent et tuent ces arai-

gnées , mais achètent la victoire
par la mort d'un grand nombre
d'entr'elles, car l'araignée se défend
long-temps. Ces fourmis sont de la
grosseur d'une guêpe ; leur corps est
d'un brun maron ; elles habitent dans
la terre, à huit pieds de profondeur.
Leurs fourmilières sont très-artistement arrangées. De temps en temps,
elles sortent en ordre de bataille,
vont dans les habitations, s'y répandent en nombre infini, pénètrent par
toutes les issues, s'emparent des vivres
qu'on n'a pas mis à l'abri de leur voracité, tuent les rats, les araignées et
tous les autres insectes qu'elles trouvent dans les maisons, et s'en retour-
nent ensuite dans le même ordre. Les
habitans qui, moyennant quelques pré-
cautions, trouvent leur compte à ces
visites, ne s'apperçoivent pas plutôt
de leur approche, qu'ils mettent leurs
provisions en sûreté, et ouvrent ensuite leurs portes et leurs armoires.
L'essaim parcourt tous les lieux où il
peut arriver, dévore tout ce qu'il rencontre ; et on est sûr que, dès qu'il
s'en retourne, la maison est purgée

de tous les animaux incommodes.
Cependant leur séjour y est quelquefois plus long qu'on ne voudrait.

Un autre insecte utile aux hommes,
est le *porte-lanterne*, espèce de scarabée ; sa trompe est si lumineuse, qu'on
s'en sert dans les appartemens en guise
de lumières. Les voyageurs, pour se
guider dans l'obscurité de la nuit, en
portent à la main, ou en attachent
à leurs pieds. Cet insecte n'est pas
nuisible, et ne se nourrit que de fleurs.
Si on le met dans un appartement,
non-seulement il éclaire, mais il dévore tous les insectes qui s'y introduisent ; on peut le conserver quinze
jours : si l'on se frotte le visage avec
l'humidité provenant des parties lumi-
neuses de ce petit phosphore vivant,
on est tout resplendissant de lumière.

Nous trouvons dans les fleuves de
ces contrées, l'*alligator* et *la torpille
d'Amérique.*

L'Alligator, long depuis quatre jusqu'à vingt pieds, appartient à la
classe des lézards. Son dos dentelé
est d'un jaune brunâtre ; les côtés
sont verdâtres, le ventre d'un blanc

sale ; sa tête est grande, ses yeux sont immobiles et défendus par une excroissance de chair. Son museau ressemble à celui d'un porc ; sa gueule est garnie d'une double rangée de dents ; son corps est couvert de larges écailles ; sa queue très-longue et sa peau si épaisse qu'elle amortit la balle du fusil. Mais il est facile de blesser cet animal à la tête et au ventre. Les naturels du pays mangent sa chair, qui sent le musc.

La torpille d'Amérique a 4 pieds de long ; elle est presque noire, et ressemble à nos anguilles ; on l'appelle aussi anguille torporifique : elle a une propriété fort remarquable ; quand on la touche avec la main, avec une baguette de métal, ou même avec un bâton, on éprouve une commotion semblable à celle de l'électricité ; il s'ensuit un engourdissement si violent, qu'il occasionne quelquefois des vertiges. Elle fait éprouver la même sensation aux poissons qui l'approchent, et il semble que la nature lui ait donné cette propriété pour sa défense. Cependant si on en approche avec un aimant, qu'on la touche avec un mouchoir de soie, ou qu'on la prenne par la queue, on ne sent point d'engourdissement. Cette vertu torporifique n'existe plus dans l'animal aussitôt après sa mort. Les marins mangent la chair de la torpille, et lui trouvent un bon goût.

Les forêts abondent en arbres remarquables par leur grandeur, et qu'on emploie à toutes sortes d'ouvrages de menuiserie et de charpente. Elles sont peuplées d'animaux de toute espèce. On y trouve de nombreux troupeaux de *pingos*, espèce de petits porcs. Ils ont une coutume fort singulière. Ceux qui appartiennent à un troupeau, marchent à la file l'un de l'autre, et sont entièrement déroutés, dès qu'ils ont perdu leur conducteur. Alors il est très-facile de les tuer, car ils ne sont pas très-sauvages.

Le *cras-pingo* qui, à la moindre blessure se défend avec vigueur, est plus grand, plus sauvage, et armé de défenses plus fortes que le *pingo* ordinaire. Sa chair est plus dure et moins délicate.

Le *pécari* est également du genre

des porcs. Son naturel doux le rend facile à apprivoiser. Il a environ trois pieds de long, point de queue, et n'a que de petites défenses. Il est d'une couleur gris-jaunâtre, son dos est hérissé de longues soies. Il habite les montagnes. On remarque sur son dos un trou dans lequel on peut mettre le bout du doigt ; il s'y trouve une glande, d'où suinte une odeur fétide.

Le *cabiai* est un porc de rivière, sans queue, qui a des soies grises et de fortes défenses. Il a à chaque pied trois doigts unis par une membrane, et vient la nuit sur le rivage pour chercher les graines et les fruits dont il se nourrit. Sa chair est très-bonne à manger.

Le *porc-épic* de Surinam est différent de celui d'Europe. Long de trois pieds, il est armé de pointes qui ont trois pouces de longueur. Cet animal, quand il est attaqué, s'enfle, se hérisse, fait mouvoir ses pointes, frappe la terre du pied, et se jette de côté, vers son ennemi. Il monte sur les arbres au moyen de sa queue, avec laquelle il s'attache aux branches, et va y chercher sa nourriture.

Le *paresseux* tient beaucoup du

singe. Il tire son nom de la lenteur avec laquelle il se meut. Il met un temps considérable à mettre un pied l'un devant l'autre, et se repose à tous momens. Il est tout aussi lent à grimper sur les arbres qui lui fournissent sa nourriture; aussi n'en quitte-t-il aucun qu'il ne l'ait entièrement dépouillé. Quand il veut l'abandonner il se roule du haut-en-bas, en se laissant tomber.

Les *armadilles* ou *tatous* sont recouverts par-tout, à l'exception du ventre, d'une épaisse cuirasse composée d'écailles de forme quarrée, et quelquefois hexagone. Mais afin que l'animal puisse se mouvoir dans cette dure enveloppe, il a au milieu du corps six, douze, jusqu'à dix-huit bandes, qui sont d'une structure admirable. Chaque bande joue aisément, ce qui donne à l'animal la facilité de se mettre en boule quand il est poursuivi.

Le tatou a un peu au-delà de trois pieds de long, sa tête est semblable à celle du porc, il est d'une couleur rougeâtre; sa queue longue et pointue, est couverte d'écailles. Il a de longues griffes, au moyen desquelles il s'enfouit dans la terre avec la plus grande facilité. Il dort le jour, et va la nuit chercher les insectes, les oiseaux, les fruits et les racines dont il se nourrit. Sa chair a très-bon goût.

On trouve aussi dans ces contrées des singes de toutes les espèces, grands et petits ; mais surtout le *miko* qui est de la grandeur d'un linx. Son poil est d'un beau brun. Il a la tête noire et une fort longue queue.

Le *saki* est de la grosseur d'un écureuil. Il a le poil rouge, le visage blanc avec une grande tache noire au milieu, les yeux très-vifs, et beaucoup d'agilité. Les naturels du pays l'attrapent avec de la glue ; il est facile à apprivoiser.

Le *coati* est plus laid ; il est ordinairement noir, et a le visage couvert de poil rougeâtre. Outre qu'il se sert avec adresse de ses mains, qui n'ont que quatre doigts, il fait de sa queue le même usage. Il en entortille avec une vîtesse incroyable le bout d'une branche d'arbre, s'y suspend par ce moyen, s'y tient fortement attaché, et lance de-là sur les passans de petites pierres, ou même ses excrémens.

Le *Ouanako* vit solitaire, et craint les autres singes qui le poursuivent et le battent, sans cependant le tuer.

Avant de quitter le règne animal, il faut que nous disions un mot des *kakerlaques*, insectes destructeurs et le fléau des habitans de la Guyane. C'est une espèce de scarabée, d'un noir rougeâtre, qui a 1 et souvent 2 pouces de long. Linge, habits, souliers, chapeaux, provisions de bouche; ils gâtent ou dévorent tout ce qu'ils rencontrent. Les femelles pondent leurs œufs par-tout; les petits qui en sortent s'insinuent dans les armoires par les serrures et les fentes du bois, et causent le plus grand ravage. Quand ils se retirent, ils laissent derrière eux une odeur très-désagréable. Pour en préserver une caisse ou un objet quelconque, il faut le placer sur des pieds de verre et en essuyer souvent la poussière. Les grandes fourmis noires sont leurs ennemies, et les chassent des maisons quand elles font leurs visites.

Parmi les plantes, nous remarquerons l'*igname* dont les racines rampent le long de la terre. Les nègres en font de la bouillie et du pain, ou bien les mangent cuites sous la cendre.

L'*aonara*, espèce de palmier. Les nègres travaillent artistement le noyau de son fruit, ils en font des anneaux avec des devises.

Le *tamarinier*, arbre de la grosseur d'un pommier ; son tronc est épineux, ses branches s'étendent en forme de parasol. Il produit de longues gousses qui renferment quelques pulpes avec un grain d'un goût acide et agréable. On s'en sert dans la médecine et pour la préparation du tabac.

La *plante à soie* ; dont les feuilles renferment une espèce de chanvre qui a quelque ressemblance avec la soie, et dont on fait des cordes, des filets, des corbeilles, et même des étoffes. Les feuilles contiennent aussi une substance savoneuse qui se dissout dans l'eau et dont on se sert pour blanchir le linge.

Le *palmier aréquier* ou *palmiste royal*, qui a souvent 200 pieds de haut. On fait avec son fruit de fort bonnes confitures qu'on transporte en Europe.

On trouve aussi dans la Guyane

une grande quantité d'autres plantes dont le détail seroit trop long. Celles de nos climats n'y réussissent pas à cause de la différence de température. Il en est de même des arbres fruitiers. On y trouve néanmoins des cerises, mais elles sont extrêmement acides et ne peuvent être mangées que confites.

La Guyane hollandaise se trouve située entre le 5e. et le 7e. degré de latitude septentrionale ; la chaleur y serait insupportable sans quelques vents de mer qui la tempèrent tous les soirs.

La Guyane Française.

Nous traversons le fleuve de *Maravine*, et nous arrivons dans l'Amérique française ou Guyane ; elle s'étend depuis la Guyane hollandaise, jusqu'à l'équateur, c'est-à-dire, de 5 degrés le long de la côte, et de 100 lieues dans l'intérieur. Les Français se sont établis dans cette partie du Nouveau-Monde, vers le milieu du dix-septième siècle. Quoique plus près de la ligne que la partie qu'occupent les Hollandais, le climat y est plus supportable. Elle est toujours rafraîchie par des vents qui sont généralement favorables aux vaisseaux, pour s'approcher de la côte. Quoique, après la guerre de Sept-ans, le ministère de Versailles ait essayé de rendre cette vaste contrée florissante, et qu'il l'ait décorée du superbe titre *de France équinoxiale*, le manque de bras et de moyens d'exploitation, s'est toujours opposé à ses efforts. Cependant en 1780 le nombre des colons était de 1388, et celui des nègres de 10530.

Malgré que, pendant six mois de l'année, il y tombe des pluies très-abondantes, toutes les productions de l'Amérique méridionale y croissent en abondance, et il est à croire que sans la révolution, cette Colonie aurait été portée au degré de splendeur dont elle est susceptible. C'est là où divers partis qui se sont successivement culbutés dans le cours de la révolution, ont envoyé leurs différentes victimes. Tous les individus qui en sont revenus, quoiqu'ils y aient beaucoup souffert, ont attesté que cette possession pourrait offrir un jour à la France une source de richesses. Mais pour cela il faut que la paix cicatrise les plaies, et ramène l'abondance.

Cayenne est le chef-lieu de la Guyane. Elle est situé dans une île au bord de la mer, entourée de murailles et de fossés, à l'embouchure du fleuve dont elle emprunte le nom. Cette île a environ 15 lieues de circonférence. Elle est plus mal-saine que la terre-ferme. C'est là particulièrement, où ont été relégués les déportés. Ce pays forme à présent un département de la France, la population en est portée à 14,000 ames. Il est à remarquer que c'est la première Colonie française où l'on ait cultivé le café.

L'Amérique portugaise.

Nous passons la ligne, et nous arrivons chez les Portugais, dans cette vaste contrée qui s'étend au sud du Cap-nord, jusqu'à Rio-grande, c'est-à-dire, depuis l'équateur jusqu'au 31e. degré de latitude méridionale. Ainsi, elle est presque toute entière sous la zone torride. Elle renferme la partie de la Guyane située au sud-ouest, presque tout le pays des Amazones, le Brésil, une partie du Paraguay-oriental, et une partie du Pérou. Cet immense pays est divisé en douze gouvernemens, dont chacun a un gouverneur particulier qui dépend du gouverneur général ou vice-roi du Brésil.

Si, partant de la frontière, nous parcourons ce vaste et beau pays, nous arriverons d'abord sous l'équateur à l'embouchure du *Maragnon*, ou *rivière des Amazones*, le plus grand fleuve de la terre connue. Il prend sa source dans les montagnes du Pérou, près de Tarma, se dirige d'abord au nord, puis au levant, reçoit un grand nombre de rivières, et va enfin se jetter dans l'Océan-atlantique, après s'être séparé en deux branches qui forment une île considérable. Dans son cours, il parcourt une étendue de 1000 à 1200 lieues, et en a 50 à 60 de largeur à son embouchure. Il renferme dans son sein une grande quantité d'îles habitées. En traversant le pays des Amazones il le fertilise par des inondations annuelles. La nature a prodigué ses bienfaits à ces contrées. De quelque côté que nous portions nos regards, nous trouvons des beautés sans nombre ; d'épaisses forêts remplies d'arbres d'une hauteur prodigieuse ; de hautes montagnes qui, malgré l'ardente chaleur du climat, font régner un printems éternel dans les vallées qu'elles entourent ; de nombreux ruisseaux qui, tous allant se réunir au grand fleuve, arrosent une terre féconde en toutes saisons : les prairies sont émaillées de fleurs odoriférentes : les arbres plient sous le poids de leurs fruits : les champs abondent en légumes, les fleuves en poissons, les montagnes et les forêts en animaux de toute espèce ; et l'intérieur de la terre renferme des mines d'or, d'argent, de cuivre et toutes ces pierres précieuses auxquelles le luxe a donné tant de valeur.

Les naturels du pays sont bien faits, grands et robustes. C'est un peuple heureux, dit l'abbé Raynal, si le bonheur consiste plus dans l'exemption des peines qui suivent les besoins que dans la multiplicité des jouissances que ces besoins demandent. Quiconque aura approfondi le bonheur des hommes,

ne

ne mettra point cela en doute, comme le philosophe semble le faire ; et la difficulté de satisfaire tous nos besoins par conséquent de jouir, nous le fait sentir assez souvent. Sobres, satisfaits de peu, sans beaucoup de desirs, jouissant d'une santé parfaite, les habitans de ce pays sont si attachés à leur manière de vivre, que l'exemple et les efforts des Européens n'ont jamais pû les faire changer. Chaque citoyen est libre, car les chefs dans leurs villages n'ont aucune autorité sur les propriétés comme sur les personnes. Ils se bornent à donner des conseils, à maintenir l'union, et à commander le peuple pendant la guerre.

Comme l'histoire des pays que nous parcourons forme une partie essentielle des connaissances que nous nous proposons d'acquérir, il n'est pas inutile de remonter à celle de cette contrée, depuis qu'elle est connue aux Européens.

L'embouchure du fleuve des Amazones nommé alors Maragnon, fut découverte par Vincent Pinçon un des compagnons de Christophe Colomb, et sa source par Gonzale Pisarre, en 1538. Ce dernier envoya son lieutenant Orella, qui s'embarqua sur le fleuve pour en parcourir l'étendue. Il trouva mille obstacles dans sa navigation ; les nations d'alentour s'opposèrent à sa marche soit en couvrant le fleuve de leurs canots, soit en l'assaillant de flèches des deux côtés du rivage. Il les écarta aux moyen des armes à feu, mais il put remarquer le courage et l'audace de ces sauvages. Comme il n'avaient point de barbe, spectacle vraisemblablement nouveau pour les Espagnols, il est apparent que ceux-ci les prirent pour une armée de femmes guerrières. Le goût du merveilleux prête dans ces cas-là beaucoup à l'illusion ; cela détermina l'officier qui commandait à changer le nom de Maragnon, en celui d'Amazones, qu'il a conservé depuis.

Telle fut, selon toute apparence, l'origine de l'opinion répandue en Europe, au sujet d'une république de femmes guerrières, qui s'étaient séparées de la société des hommes, et qui néanmoins les recevaient une fois l'an ;

car il fallait bien trouver un moyen de les perpétuer.

Les rapports des Espagnols avaient excité autant de curiosité, que d'espoir de trouver dans ce pays de grandes richesses. Pedro d'Orsna, gentilhomme navarrois, partit de Cusco, en 1560, avec 700 Espagnols, pour acquérir de nouvelles lumières, en reprenant la navigation du fleuve. Ces hommes féroces, accoutumés au massacre, ayant trouvé dans leur chef un ami de l'ordre et de la discipline, l'assassinèrent, et mirent à leur tête un basque cruel et féroce, nommé Lopès d'Aguirre, qui les avait excités à la révolte, et leur promettait tout ce qui pouvait satisfaire leur cupidité.

On raconte qu'étant arrivés près du fleuve des Amazones, ils mirent tout à feu et à sang, massacrèrent ce qui s'opposa à leur furie, et n'épargnèrent pas même dans leur pillage les habitations des Européens. Tout-à-coup un corps de troupes attaqua ces barbares, et les battit : tous les naturels du pays s'étant soulevés contre eux, ils se virent entourés, et hors d'état

d'échapper au châtiment qu'ils méritaient. On dit qu'alors d'Aguirre, leur
chef, se porta, dans son désespoir, à
l'action la plus atroce. Il avait avec
lui sa fille unique, qui le suivait dans
tous ses voyages. « J'espérais te placer
» sur le trône, lui dit-il, mais les évè-
» nemens trompent mon attente ; mon
» honneur et le tien ne permettent pas
» que tu vives pour devenir l'esclave
» de tes ennemis : meurs de la main
» d'un père. » A ces mots il lui tira un
coup de pistolet, et l'acheva en lui
plongeant un poignard dans le cœur.
Après cet acte dénaturé ses forces l'a-
bandonnèrent ; il fut pris et périt
dans les supplices.

L'abbé Raynal raconte cette anec-
dote comme beaucoup d'autres, sans
s'appuyer d'aucune autorité. Vraie ou
fausse, regardons-la comme une épi-
sode d'historien, et comme un moment
de repos pour des voyageurs.

Les Espagnols ayant échoué dans
leur entreprise, on resta près d'un demi
siècle sans la renouveler. Les Portugais avaient bâti, dans cet intervalle,
une ville nommée *Para*, à l'embou-

chure du fleuve. Pedro Texeira ayant rassemblé un grand nombre de canots, en partit en 1638. Il remonta l'Amazone jusqu'à l'embouchure du Napo, reconnut entièrement le pays, et démentit toutes les fables que les Espagnols avaient répandues. Quelque temps après, les jésuites, qui avaient une mission non loin de-là, entreprirent d'en former une entre l'Amazone et le Napo. Ils eurent bien de la peine à inspirer de la confiance à ces peuples, qui fuyaient à leur approche. Ils y parvinrent avec des présens et des caresses. L'on compte aujourd'hui trente-six peuplades, formant de 30 à 35,000 ames : réunies de cette manière, la plupart sont sensées appartenir à l'Espagne, mais ne lui ont pas été jusqu'ici d'une grande utilité.

Notre route nous conduit vers le midi à la ville de *Para*, non loin de l'embouchure du Tocantin. Elle est grande et belle, a un très-bon port, et fait un commerce considérable. Plus avant, au sud-est, nous trouvons le cap *Saint-Roch*, où la côte se courbe vers le sud-ouest. En conti-

nuant nous trouverons la ville d'*Olinda*
ou *Fernambouc*, qui a un évêque,
plusieurs couvens, et 12,000 habitans.
Elle est à une lieue de son petit port,
qui est tellement entouré de rochers
et de bancs de sable, qu'on ne peut y
entrer que par un canal fort étroit.
C'est d'ici que l'on tire le bois de Fernambouc ou de Brésil. Il y a des forêts
entières de ces arbres, dont le bois
sert à teindre en rouge. On en transporte tous les ans 80,000 quintaux en
Europe.

Toujours en avançant sur la côte du
Brésil, nous nous trouvons à l'embouchure du fleuve *Saint-François*,
qui traverse un grand district du sud
au nord, et est borné à l'occident par
le gouvernement de Bahia.

Près de la *Baye-de-tous-les-Saints*,
que l'on rencontre ensuite, est la ville
fortifiée de *Saint-Salvador*, située sur
une colline, et qui domine un très-bon
port. Les rues en sont si étroites et si
peu étendues, que les voitures ne sauraient y passer. Plus de 10,000 esclaves
sont employés pour cette raison à y
transporter les marchandises qui vien-

nent du port. Le nombre des habitans s'élève à 20,000, parmi lesquels il y a 3,000 moines. Le commerce y consiste en marchandises des Indes, et surtout dans le trafic des nègres.

Nous dirigeant vers le sud, nous arrivons à *Rio Janeïro*, capitale de l'Amérique portugaise, résidence du vice-roi et le centre du commerce. Cette ville a une lieue de long, mais pas autant de largeur ; elle est très-bien bâtie. Le port excellent est défendu par un grand nombre de forts, et la ville par une bonne citadelle ; ce qui fait passer cette place pour la plus forte de toutes les villes maritimes après Gibraltar. Cela n'empêcha pas qu'en 1711, le fameux Dugai-Trouin la prit, la rançonna et s'y couvrit de gloire. Les habitans en sont très-riches ; cela vient de leur voisinage des mines d'or et de diamans. On dit qu'en même temps ils sont très-débauchés ; c'est le propre de l'opulence.

Nous passerons un bras de mer très-étroit pour aller visiter l'île de *Sainte-Catherine* ; il n'y a que la côte qui soit

cultivée, l'intérieur est rempli de buissons et de forêts habités par des serpens très-venimeux. Elle serait d'un
grand rapport si l'on avait assez de
bras pour la cultiver toute entière. Le
manque de débouchés fait que toutes
les productions y sont à grand marché. La pêche des baleines, dont on
prend au mois de juillet et d'août à-
peu-près 500, rapporte aux habitans
à raison de 3,000 liv. la pièce.

Les autres endroits du Brésil ne renferment rien de remarquable : contentons-nous de dire un mot des productions de la nature.

Un pays d'une si vaste étendue ne
saurait avoir par-tout le même climat,
le même sol, et la même fertilité. La
partie septentrionale est une vaste
plaine, couverte d'épaisses forêts. Elle
a des vents furieux, des pluyes abondantes et des inondations qui font quelquefois un vaste lac de tout le pays.
La partie méridionale est plus élevée,
son air est plus sain, et même plus
tempéré. Le pays est traversé du sud
au nord par une partie des *Cordelières*,
la plus grande chaîne de montagnes de

l'Amérique, et les plus hautes du monde : elles le séparent de l'Amérique espagnole. Au nord il n'y a guères que les côtes qui soient cultivées ; mais au sud on a pénétré bien avant dans l'intérieur. La terre en est fertile, et produit généralement en plus ou moins d'abondance, toutes les denrées des Indes. C'est-là qu'on tire d'un grand arbre un suc résineux, nommé *Beaume de Capahu*, dont on se sert dans la médecine et dans la peinture. Nous ne décrirons pas les différentes plantes qui servent à la nourriture des habitans ; mais nous distinguerons le janipha, qui change de feuilles tous les mois, et produit une espèce d'orange qui a le goût du coing. On y trouve aussi des arbres vénéneux ; mais à côté de ces poisons croissent presque par-tout des contre-poisons.

Les plantes européennes, telles que le chanvre, les navets, les pois, les fèves, etc., y viennent très-bien. Plusieurs espèces de joncs et de roseaux y sont d'une grande utilité. L'agriculture est absolument négligée dans ce pays fertile, à cause du nombre infini de bras qu'exigent les mines d'or et de diamans.

Le règne animal n'est pas moins varié dans l'intérieur des terres. On n'y voit point d'animaux domestiques ; mais dans les établissemens des Européens on trouve en abondance des chevaux, des bœufs, des brebis et des porcs. Dans la province de *Riogrande*, les bœufs sont si communs, qu'ils ne coûtent qu'une piastre. Le sel étant trop cher pour saler beaucoup de viande, on ne les tue que pour en avoir la peau, dont on fait un très-grand commerce.

L'animal le plus distingué de ces contrées est le *tapir* ou *anta*. Il est presque aussi gros qu'un bœuf. Sa couleur est d'un brun très-foncé. La forme de son corps ressemble beaucoup à celle du porc. Sa tête se termine par un grouin, ou, si l'on veut, par une trompe longue d'un pied. Il se tient ordinairement près des rivières ; il a la coutume de passer, matin et soir, d'un bord à l'autre, et se sauve à la nage dès qu'on le poursuit. Il se nourrit de plantes et de racines ; il est d'un naturel facile à apprivoiser. Les Américains mangent sa chair, et font du cuir de sa peau.

Le *pécari* ou *cochon de musc*, est long de trois pieds, n'a point de queue, et porte sur son dos une espèce de sac spongieux, rempli d'une matière gluante qui sent le musc. Il est beaucoup plus propre que notre cochon ordinaire, et se nourrit de fruits, de racines et de serpens. Sa couleur est grise, tachetée de noir. Sa chair est bonne à manger : on l'apprivoise aisément.

Le *gavia* est un genre d'animal qui tient le milieu entre le lapin et le rat. Sa patrie est le Brésil et la Guyane. Il s'enfonce dans la terre. Il plonge dans l'eau, et y reste plusieurs heures.

On trouve ici un animal, appelé *tamanoir*, qui ne se nourrit que de fourmis; il les prend en allongeant sa langue gluante sur le passage de ces insectes; il la retire quand elle en est couverte, et les avale. A l'aide de ses griffes, il grimpe facilement sur les arbres, où il cherche les fourmilières, et il prend, par le moyen de sa langue longue et effilée, les fourmis jusques dans les coins les plus cachés. Cet animal dort ordinairement le jour, et sort la nuit pour aller chercher sa proie. On l'élève facilement. Il y en a de trois espèces, le *grand*, le *moyen* et le *petit tamanoir*. Le premier est de la grosseur d'un renard ; il a le poil long, sa couleur est un mélange de jaune, de blanc et de noir. Il a des griffes très-aigues, et il est assez fort pour se défendre contre le tigre d'Amérique.

Ce tigre, nommé *sagnar*, est aussi féroce, aussi altéré de sang que celui de l'ancien monde ; mais il est plus petit, puisque sa longueur n'est que de deux pieds et demi. Il s'avance la nuit jusques dans les villages et les villes, pour y prendre des poules, des chiens et d'autres animaux. Le crocodile et lui se font une guerre terrible. Lorsqu'il va, pour se désaltérer, sur le bord d'une rivière, le crocodile met sa tête hors de l'eau pour se saisir de lui : celui-ci saute sur l'amphibie, s'efforce de lui arracher les yeux avec ses griffes, et est si acharné au combat, que le crocodile, pour s'en débarrasser, l'entraîne au fond de l'eau, où ils périssent souvent tous deux.

On trouve aussi dans le Brésil des singes, des chats sauvages, et plusieurs animaux dont la peau fournit de très-belles fourrures.

Les *linx* ou *loups-cerviers*, si redoutables que les Indiens tiennent à grand honneur de les tuer.

Les lézards, les crapaux, les serpens, sont ici très-communs. Plusieurs de ces derniers sont vénimeux, et ont jusqu'à 25 et 30 pieds de long. Les oiseaux, sur-tout les perroquets, y sont en abondance. On distingue le *toucan*, qui n'est guères plus gros qu'un pigeon, mais dont le bec monstrueux a souvent six pouces de long. On trouve dans ce bec, au lieu de langue, une plume avec son tuyau et sa barbe. Il se nourrit de poivre : aussi lui donne-t-on le nom de *mange-poivre*. Remarquons aussi *l'oiseau-mouche*, la plus petite espèce des colibris. Il se nourrit du suc des fleurs. Pour n'être point la proie des araignées, il construit son nid, qui n'est

que de la grosseur d'une noix, sous
celui d'un autre oiseau, qui dévore
ces insectes. Il y en a de verds, de
bleus et de couleur d'or. Les femmes
du Brésil en font des pendans-d'oreille.
Les Indiens ne mangent pas d'œufs,
parce qu'ils croyent avec raison qu'ils
avalent en même-temps un oiseau;
de-là vient que les volatilles se mul-
tiplient beaucoup dans ces contrées.
Les tortues y abondent également.

Les minéraux font la principale et
l'immense richesse de ce pays. On les
trouve particulièrement dans les trois
provinces des Montagnes. Chaque esclave est obligé de fournir la huitième
partie d'une once d'or par jour à son
maître; ce qu'il trouve de plus lui appartient. A en juger par la cinquième partie
que le roi de Portugal retire de tout
l'or que fournit annuellement le Brésil,
on l'évaluerait à 45 millions de livres.
On peut supposer qu'il y en a un
huitième en sus qui est dérobé à la
vigilance du gouvernement. Outre cela
on y trouve de l'argent, du fer, de
l'étain, du plomb, du vif-argent, de
l'antimoine, du soufre, du cristal et

de l'alun ; mais on ne sait pas faire valoir ces productions comme elles en seraient susceptibles. Il n'en est pas de même des diamans. Chacun a la liberté de fouiller la terre pour en trouver : mais il est obligé de le vendre à l'agent du roi, pour un prix déterminé.

Les habitans font un commerce annuel de 44,000 quintaux de sucre, 58,000 quintaux de tabac, 44,000 peaux, 20,000 quintaux de bois de teinture ; outre cela, beaucoup de coton, de cacao, de vanille, d'épiceries, etc. Joignez tout cela à l'exportation de l'or et des diamans, et vous verrez de quelles richesses immenses ce pays est la source. Il nous reste à parler de la manière dont il fut découvert et des mœurs de ses habitans.

Alvarès de Cabral, amiral portugais, conduisait, en 1498, une flotte qui devait doubler le cap de Bonne - Espérance pour se rendre aux Indes-orientales. D'horribles tempêtes l'ayant fait dériver vers l'occident, il fut jeté sur les côtes du Brésil. C'est à ce singulier hasard que l'on doit la découverte d'un pays d'une si grande importance, mais qui ne fut pas alors regardé comme tel. On se contenta d'abord d'y bannir des malfaiteurs ou des gens dangereux, que l'on éloignait de la société. Quelques-uns d'entre eux y ayant planté avec succès des cannes à sucre, cela excita l'attention du gouvernement portugais, qui y envoya des jésuites pour civiliser les naturels du pays. Leurs tentatives réussirent ; on forma de nouvelles colonies qui, avec le temps, devinrent florissantes. La totalité des habitans est composée de Portugais, qui forment la sixième partie de la population, de juifs, de nègres, de mulâtres et d'indiens, qui depuis 1755 ont obtenu le droit de bourgeoisie. Ils ont, outre cela, les privilèges des autres colons, et peuvent même aspirer à tous les emplois civils et ecclésiastiques. La totalité de ces diverses classes est portée à 804,428 ames.

On trouve de plus, dans l'intérieur des terres, plusieurs peuples nomades, auxquels on envoie des missionnaires pour leur prêcher le christianisme, et les civiliser. Le pays est gouverné par un vice-roi. Chaque endroit, un peu considérable, a un magistrat et une garnison. Le nombre des troupes réglées se monte à 15,000 hommes, outre 22,000 de milice.

Parmi les peuples libres, on compte les *Topinamboux*, les *Barbades*, les *Oragnates*, les *Tipayes*. Quelques-uns se couvrent de peaux d'animaux, d'autres vont nuds et se peignent le corps. Ils regardent un nez plat comme un trait de beauté : aussi ont-ils soin de l'applatir aux enfans quand ils naissent. Ils se parent de plumes, dont ils font des ceintures et des bonnets. Ils sont cruels à la guerre et mangent leurs ennemis. Les uns vivent errans dans les forêts, les autres se réunissent dans des villages où ils sont souvent assez nombreux. Grands, sains, bienfaits, vigoureux, toujours gais et contens de leur sort, ils parviennent à un âge très-avancé. Ils ont des heures fixes pour manger et d'autres pour boire ; car ils ne font jamais l'un et l'autre dans le même repas. Ils vivent entre eux assez en paix ; mais quand deux Brésiliens se battent, jamais un tiers ne s'en mêle. Y en a-t-il un de tué, les parens sont obligés de le venger, et de poursuivre l'ennemi victorieux, jusqu'à-ce qu'ils l'aient atteint et que l'injure soit vengée.

L'hospitalité est très-bien exercée chez ces sauvages. Quand un étranger arrive, les femmes l'accablent de complimens, et lui lavent les pieds s'il est fatigué. On lui sert une grande quantité d'alimens : on est attentif à tout ce qu'il peut desirer. Ces peuples n'ont d'autres armes à la guerre que des massues de bois dur, des arcs et des flèches. Les femmes suivent l'armée, et portent les munitions de bouche : celui qui a tué le plus d'ennemis, est reconnu pour chef. Ils ont pour musique guerrière des espèces de cors et de flûtes d'os, dont ils tirent des sons confus. Comme leur principal but est de faire des prisonniers, ils attaquent ordinairement de nuit, pour surprendre leur ennemi. S'ils combattent le jour, en rase campagne, c'est avec une fureur qui va jusqu'à la rage. On ne mange pas les morts, mais bien les prisonniers : quand ceux-ci sont jugés trop maigres, on les conserve pour les engraisser. Pendant cet intervalle, on leur permet d'aller à la chasse et à la pêche, parce que ces exercices sont favorables à la santé; mais toujours en les surveillant. Ces prisonniers sont partagés entre toutes les familles : quand l'un est assez gras, on invite tous les amis et les voisins, et la fête commence. On danse, on chante, on boit : le prisonnier même prend part à ces plaisirs, quoiqu'ils lui annoncent sa fin prochaine. Après cela on le promène dans plusieurs villages, exposé aux insultes de tout le monde, en lui permettant néanmoins de se venger à coups de pierre, et on le tue à la fin d'un coup de massue. On lave le cadavre, on le dépèce, on arrose les petits enfans de son sang; et après l'avoir fait rôtir, on le mange. Sa tête est conservée comme un trophée de la victoire. On fait des flûtes de ses plus grands os, et le vainqueur reçoit les dents dont il fait un collier. Ceux qui ont pris plusieurs prisonniers, se font, en signe d'honneur, des incisions dans la chair. On remarque dans ces peuples une indifférence étonnante pour la mort. Ils souffrent la douleur avec un courage héroïque. On ne voit plus chez eux ni princes, ni distinctions de rang aussi-tôt qu'ils sont en paix : les vieillards, qui y sont très-considérés, aident les jeunes gens de leurs conseils ; la moindre insulte qu'on leur fait est punie sévèrement.

Les Brésiliens n'ont en général que très-peu d'idées de religion ; mais ils n'en sont pas moins superstitieux. Ils ont des sorciers et des charlatans qui abusent de leur crédulité. Ces derniers joignent l'art de la devination à celui de la médecine. Ces sauvages croient, par exemple, que lorsqu'un certain oiseau de nuit, dans le genre de nos hiboux, pousse des cris lamentables, c'est un messager de leurs parens défunts; alors ils prêtent une attention religieuse, et seraient très-choqués si on les en détournait. On pourrait conclure de-là qu'ils se forment quelque idée d'une vie à venir.

Les Uctaques, plus enfoncés dans l’intérieur du pays, sont, dit-on, plus sauvages que les autres. Ils sont cruels, ne souffrent point d’étrangers ; et ce n’est qu’à cent pas de distance qu’on peut traiter avec eux. Peut-être sont-ce les procédés des Portugais qui les ont rendus aussi méfians ; par conséquent nous ne pouvons nous en rapporter entièrement à la manière dont ils nous les dépeignent.

Avant de quitter les Portugais d’Amérique, informons-nous des détails que nous ont donnés les voyageurs les plus judicieux, sur leurs mœurs et leur manière de vivre. Nous trouverons des hommes plongés dans le luxe le plus efféminé, et néanmoins remplis de tous les vices, même de ceux qui exigent un certain courage. Ils observent dans leurs repas une espèce de sobriété ; mais cela vient, comme chez la plupart des habitans des provinces méridionales, de ce qu’ils sacrifient tout au faste, à la pompe, et à un vain étalage. Cependant quand ils donnent un festin, ce qui arrive rarement, il y règne le luxe le plus extravagant. Lorsqu'ils sortent, ils se mettent dans une sorte de hamac de coton, qu'ils nomment *serpentine*, et que des nègres portent, en forme de dais, soutenus par des bambous de douze pieds de long. La plupart de ces hamacs sont bleus, ornés de franges de la même couleur, ou de crépines d'or. Ils ont un oreiller de velours, et au-dessus, une espèce de ciel-de-lit avec des rideaux ; ensorte que la personne portée n'est vue qu'autant qu'elle le veut. Elle se couche ou reste sur son séant, en s'appuyant sur son oreiller. Si elle desire d'être vue, elle tire les rideaux, et salue les connaissances qu'elle rencontre dans la rue. Celles-ci s'arrêtent ; et quelquefois la conversation se prolonge long-temps : alors les nègres fixent en terre les bâtons qui soutiennent le hamac, et attendent que leurs maîtres aient achevé. On ne voit guère un homme et une femme du bon ton qui ne soit porté dans les rues de cette manière. Au reste, toutes les modes d'Europe y sont connues. La France y envoie ses soieries ; la Hollande, ses toiles ;

l'Angleterre, ses dentelles : tous ces divers objets y sont vendus à un prix énorme, et offrent un grand avantage aux négocians qui les y font passer.

L'Amérique-Espagnole.

Après avoir parcouru les divers établissemens des Portugais en Amérique, nous tournerons à l'ouest, vers le fleuve de la Plata, et nous entrerons dans les possessions espagnoles. Ce vaste pays, célèbre par les évènemens qui en accompagnèrent la découverte, et qui le soumirent à la domination espagnole, mérite de fixer quelque temps notre curiosité. Il s'étend depuis le 56e, degré de latitude méridionale, jusqu'au 42e. degré de latitude septentrionale, si toute fois il faut s'en rapporter aux prétentions des Espagnols, qui étendent leurs possessions jusqu'à la Terre-de-Feu. Ils ont divisé cette immense étendue de pays en royaumes ou gouvernemens, qui renferment le Chili, le Pérou, le Paraguay, une partie du pays des Amazones et de la Guyane, la Terre-Ferme, le Vieux et le Nouveau-

Mexique, la Louisiane, la Floride et la Californie. D'après leur compte, on devrait y comprendre le pays des Patagons. Commençons par ce qui avoisine le lieu où nous nous trouvons.

Le royaume de la Plata.

Il confine à l'orient aux possessions portugaises ; à l'occident et au nord, au royaume du Pérou ; au midi, à la mer et au pays des Indiens libres, ou la Patagonie. Il est composé d'une partie du Pérou méridional, du Tucuman, du Chili oriental, et d'une partie du Paraguay. Ces différentes provinces n'ont pas toutes le même climat, ni la même nature de terroir. Tantôt on rencontre des montagnes très-élevées et couvertes d'épaisses forêts sur lesquelles règne un froid glacial ; tantôt des vallées fertiles où la chaleur est des plus fortes. Il y a plusieurs montagnes où l'on trouve des mines d'argent : le principal fleuve qui arrose ce royaume est la *Plata*, qui parcourt un espace de 600 lieues, et qui est formé de la réunion du *Paraguay* avec le *Parana*. Ces deux rivières ont

ont leur source dans le Paraguay portugais, et parcourent aussi une vaste étendue de pays, avant de se réunir dans la Plata. Celle-ci, qui prend sa source dans le Pérou, après avoir dirigé sa course au sud, traverse tout le Paraguay, et va se jeter dans l'Océan-Atlantique : on lui donne en général 20 à 25 lieues de large, dans une grande partie de son cours, et 60 lieues à son embouchure. C'est-là où elle forme cet immense golfe, borné au nord par le cap Sainte-Marie, et au sud-ouest, par le cap Saint-Antoine.

Vu l'abondance des rivières et la fertilité du terroir, les Espagnols retireraient bien davantage de ce pays, si le nombre des cultivateurs était en proportion des terres. Cependant on y cultive du bled, des légumes, du maïs, des patates, des cannes à sucre; les fruits, et sur-tout les pêches, y sont en si grande abondance, qu'on en emploie les arbres comme bois à brûler. On y fait aussi du vin. C'est-là où l'on trouve cette herbe du Paraguay dont on se sert en guise de thé. Les

Tome I.   G

Américains l'aiment tant, que le Chili en fait à lui seul un commerce de 450,000 piastres par an. On y recueille aussi du coton, du quinquina, de la rhubarbe, de l'indigo, de la vanille, de la cochenille, et plusieurs espèces de résines. Les cèdres et les palmiers y sont très-communs ; les paturages excellens : de-là vient que le commerce du bétail, et sur-tout des bœufs, est d'un produit considérable. Il y a quelque temps qu'un cheval ne coûtoit que six francs, et un bœuf, de 25 à 30 sols : aujourd'hui on paye ce dernier jusqu'à 15 francs. Les forêts sont peuplées de cerfs, de chevreuils, de renards, de singes, de jaguars, de tamanoirs, de perroquets, et d'un grand nombre d'autres oiseaux. Les abeilles et les vers à soie fournissent aussi aux habitans des objets de spéculation. Les poissons y abondent ; mais en général il y a peu de minéraux. Le talc transparent et la platine sont les principaux de ceux qu'on y trouve.

Le talc est un minéral toujours en masse dans le sein de la terre, composé par feuillets, inaltérable au feu jusques dans sa couleur, qui varie suivant sa nature, indissoluble aux acides. Il entre dans la composition du fard. En le levant par feuillets, on en fait des vitres. Le talc est plus pliant, et moins fragile que le verre.

La platine est employée à plusieurs usages; mais on ne connaît pas bien encore toutes les propriétés de cette substance métallique. Elle a la couleur de l'argent, la dureté du fer, la pesanteur et la fixité de l'or. Elle est attirable à l'aimant; mais à cet égard elle diffère du fer, en ce que le feu lui rend plus sensible cette propriété, au lieu de la détruire. C'est la substance la plus pesante de la nature : l'eau, l'air, le feu, les acides, rien ne peut l'altérer. Les Espagnols, qui seuls ont le secret de fondre la platine, ne nous font passer cette matière que toute travaillée. Ils en font des miroirs, des poignées d'épée, des tabatières et d'autres bijoux; mais c'est particulièrement pour les télescopes qu'on s'en est servi jusqu'ici le plus utilement. Quelques artistes étant parvenus à l'allier à l'or, le vendaient ainsi en lingots, sans qu'il fût possible de reconnaître la fraude par les épreuves ordinaires; mais la chimie est parvenue à distinguer les deux matières. On assure que la platine contient 20 karats d'argent fin par once.

Les Espagnols se sont fixés dans les plus fertiles contrées de ce pays, particulièrement sur les bords de la Plata et des autres rivières : mais il y a dans l'intérieur des terres, de nombreuses peuplades d'Indiens. Ceux du nord, dans le Tucuman, habitent des lieux marécageux, et se nourrissent de poissons : ceux du midi sont nomades et chasseurs. (On appèle nomades les peuples qui, sans avoir une habitation fixe, mènent une vie errante). Quelques-uns se sont retirés dans des cavernes souterraines. Ces peuples ne portent d'autre vêtement qu'une ceinture ornée de plumes de toutes sortes de couleurs. Ils ont coutume de se peindre le visage et le corps : cela leur sert non-seulement de parure, mais de préservatif contre la piqûre des insectes. Ils sont vifs, sensuels, et ont pour chefs des Caciques, mais

qui ne jouissent pas d'une grande puissance. Leur agilité est étonnante : ils
défient les chevaux à la course. Leurs
mœurs et leurs usages sont plus ou
moins barbares, suivant leurs rapports
avec les Européens. On leur envoie
des missionnaires, pour les convertir
au christianisme et les civiliser.

Un vice-roi est chargé du gouvernement du pays qu'occupent les Espagnols. Lorsque nous venons des frontières portugaises, la première ville
qui s'offre à nos regards est *Monte-Vi-
deo*. Elle est située à l'embouchure
de la Plata ; elle a une forteresse,
un bon port, et fait un commerce
maritime considérable. Plus au nord,
sur la Plata, est la colonie de *S. Sa-
cramento*, où l'on voit de très-riches
marchands. Elle a été long-tems un
objet de discorde entre les Espagnols
et les Portugais : ceux-ci y renon-
cèrent en 1778.

Plus au nord, sur la rivière de
Paraguay, nous trouvons *l'Assomp-
tion*, capitale du Paraguay, qui a une
audience ou régence, quoique le nombre de ses habitans soit très-peu considérable.   G 3

Plus loin, vers le septentrion, nous découvrons *Sainte - Croix*, (*Santa-Cruz*) *de la Sierra*, capitale de la province de Charcas, et résidence du gouverneur.

Au sud-ouest, dans la même province, on remarque *Potozi*, qui a 25,000 ames. Elle est aux pieds d'une montagne, célèbre autrefois par ses mines d'argent. On en a retiré des richesses immenses qui les ont épuisées; cependant on les fouille encore.

Si nous avançons plus vers le midi, nous arriverons à *Sulta* où réside le gouverneur de Tucuman; à *Cordoue*, où il y a une academie; de-là, à Santa-Fé, dans les environs de laquelle on trouve la Platine; et enfin à *Buenos-Ayres* sur la rive méridionale de la Plata, non loin de son embouchure.

Cette capitale de tout le royaume fut ainsi nommée à cause de la salubrité de l'air qu'on y respire. Elle est la résidence du vice-roi; c'est une des villes les plus considérables de l'Amérique méridionale, et la seule place d'un commerce très-étendu au sud du Brésil. Elle a peu de relations directes avec l'Europe, mais beaucoup avec toutes les parties de l'Amérique.

Avant de quitter ce pays, nous rappellerons une relation très-piquante du célèbre établissement des Jésuites dans le Paraguay, sans contredit le plus beau plan qui ait jamais été mis à exécution.

Vers le milieu du 17e. siècle ces religieux qui, jusqu'alors n'avaient pas eu grand succès dans leur mission, représentèrent à l'Espagne que la cause en était dans l'immoralité des Espagnols et dans la haîne qu'ils s'attiraient. Ils promirent d'étendre l'empire du christianisme dans toute l'Amérique, si on voulait leur donner tout pouvoir d'y pénétrer, et de former des établissemens dans l'intérieur des terres; cela leur fut accordé. On défendit aux commandans espagnols de jamais s'opposer à leurs entreprises, et de ne laisser entrer aucun individu dans le pays qu'occuperaient les Jésuites, si ceux-ci n'en donnaient la permission. Ces religieux envoyèrent alors de nombreuses missions, parvinrent à rassembler une cinquantaine de familles errantes, bâtirent une ville et jetèrent les fondemens d'une puissance qui dans la suite étonna le monde entier.

Leur politique adroite, leur zèle, leurs bons traitemens adoucirent peu-à-peu les nations les plus sauvages, fixèrent celles qui étaient errantes ; et la religion les ayant réunis, tous ces peuples reconnurent les mêmes lois.

Les Jésuites se virent législateurs d'un pays immense. Leurs richesses s'accrurent avec leur puissance : ils étaient parvenus à mettre sur pied une armée nombreuse et disciplinée ; et le plus extraordinaire de leur situation est qu'elle était ignorée de l'Europe. La précaution qu'ils prenaient de n'admettre aucun européen dans leur espèce de république, favorisait cet étonnant mystère. Ces indiens, heureux sous une autorité pleine de douceur, cultivaient paisiblement leurs terres, s'adonnaient aux différentes spéculations de l'agriculture, vivaient dans l'abondance et enrichissaient leurs maîtres, ou pour mieux dire, leurs bienfaiteurs. Il n'y a pas de doute que cette civilisation se fût étendue sur les pays les plus éloignés; mais en 1757 une partie du territoire qu'occupaient les Jésuites ayant été cédée par l'Espagne au Portugal, ces religieux sentant bien qu'ils allaient être l'objet de l'envie et de la curiosité de leurs nouveaux maîtres, refusèrent de se soumettre à l'arrangement des deux cours. Ils firent prendre les armes à leurs Indiens; des troupes Européennes furent envoyées pour les soumettre et en vinrent aisément à bout : peu de temps après, les Jésuites furent chassés de l'Amérique; et leurs sujets revenus sous l'oppression de leurs anciens tyrans, retombèrent bientôt dans leur premier état de barbarie.

Si nous voulions suivre les Colonies espagnoles, nous nous rendrions d'ici au Pérou : mais comme nous ne reviendrons plus dans ces contrées, nous ne devons pas les quitter sans les avoir entièrement parcourues. Continuons donc vers le sud jusqu'à l'extrêmité de la presqu'île méridionale de l'Amérique.

La terre Magellanique, où le pays des Patagons.

C'est sur cette vaste contrée presqu'entièrement inconnue, que les Espagnols prétendent avoir droit de souveraineté Mais les naturels l'ignorent et n'en sont pas moins libres. Ce sont les seuls peuples de l'Amérique à qui les Européens n'ont pas encore fait sentir le poids de l'esclavage. De hautes montagnes couvertes de neige, le commencement des *Andes*, s'étendent au nord et au nord-ouest du pays des Patagons, et les séparent des Colonies espagnoles. Vers le sud ils le sont de la terre de Feu par un détroit fort long, large d'une lieue dans certains endroits, et jusqu'à 8 dans d'autres. On ne voit que des contrées stériles sur toute la côte orientale. Dans d'autres parties le sol serait fertile s'il était cultivé ; mais il est couvert de marais et de buissons, l'air y est très-désagréable, l'hiver très-froid ; le ciel rarement serein ; les côtes sont toujours couvertes d'épais brouillards, les tempêtes y mugissent sans relâche, la neige se montre presque dans tous les temps sur les hauteurs. On n'y apperçoit pas beaucoup de forêts, et la nature ne se présente nulle part avec quelque agrément. On y voit de nombreux troupeaux de bœufs et de chevaux errer en liberté; les seuls animaux curieux qu'on y ait remarqués, sont les *abeilles bourdons*, le *guanaco*, animal semblable au chevreuil pour la figure, la couleur et la taille, excepté qu'il a de plus une tumeur sur le dos, et *l'autruche*. *L'autruche d'Amérique*, a six pieds de haut et huit d'envergeure; ses plumes sont, partie bleu clair, et partie brun foncé: elle n'en a de blanches que quelques-unes sur le dos. Ses aîles sont composées de bouquets de plumes étroites et courtes, sous lesquelles il y en a de plus longues qui se courbent vers la partie de derrière et lui forment une espèce de queue: comme ses aîles sont très-petites, elles ne lui servent point à voler, mais à donner à sa course une très-grande rapidité. L'autruche se nourrit d'herbes et de fruits; les Américains trouvent à sa chair un excellent goût. Son cuir est si épais qu'on peut en faire des cuirasses et des boucliers ; ses œufs sont particulièrment bons à manger. Comme cette autruche ne ressemble point à celle de l'espèce ordinaire, nous réserverons pour une autre occasion d'autres détails sur cet intéressant oiseau.

Toute description que l'on peut faire du pays des Patagons comme de leur personne, n'est fondée que sur les rapports souvent très-contradictoires des voyageurs qui se sont approchés de leurs côtes. Peu ont tenté de pénétrer dans l'intérieur. Tous se réunissent à dire que ces peuples sont aussi misérables que leur pays. Leur peau est couleur de cuivre, leurs cheveux épais, noirs, et rudes comme du crin. Les hommes les coupent, les femmes les portent en longues tresses. Ils se barbouillent le corps avec de la terre rouge, et se font des cercles blancs autour des yeux. D'ordinaire ils vont nuds : cependant ils s'attachent au milieu du corps une ou plusieurs peaux de Guanaco, qu'ils cousent avec des boyaux. Quelquefois ils portent une espèce d'habit. Ils ont aux pieds des chaussons de peau de Loutre. Ils mangent la chair crue : s'ils n'attrapent rien à la chasse, ils vont à la pêche ; et s'ils ne prennent rien de cette ma-nière, ils jeûnent et souffrent patiem-ment la faim. Ils montent beaucoup à cheval, ils ont même des espèces de brides et de selles. Comme les che-vaux ne sont point originaires de leur pays, il faut supposer que les premiers leur sont venus de leurs voisins du Chili. Leurs armes sont des arcs et des frondes, dont ils font usage très-adroitement.

Ces peuples sont lâches, paresseux, inhabiles au travail, mais susceptibles de colère, et furieux dès qu'ils sont insultés. Si un Espagnol tombe entre leurs mains, ils le mangent, après lui avoir fait souffrir de longs tourmens. On peut attribuer cette cruauté au ressentiment qu'ont dû leur inspirer les mauvais traitemens des Européens, qui ont quelquefois tenté de les sou-mettre.

Quelques peuplades qui habitent du côté du Paraguay, de Buenos-Ayres, et du Chili, se sont un peu civilisées ; mais jamais on n'a pu communiquer avec les Patagons du midi : le climat sous lequel vivent les premiers étant plus doux, leurs mœurs sont moins grossières ; ils vivent plus en société et reconnaissent des chefs.

On a débité beaucoup de fables sur la taille gigantesque des Patagons : l'opinion généralement adoptée est qu'elle diffère peu de celle des autres hommes.

La terre de Feu.

Nous voici de l'autre côté de ce fameux détroit de Magellan, dont Cook, Wallis, Carteret, Bougainville, et tant d'autres célèbres navigateurs, ont décrit les nombreux écueils. On traversait ce détroit pour aller de la mer du nord dans lamer du sud. Mais les dangers sans nombre qu'y couraient les vaisseaux à chaque pas, ont fait chercher un autre passage ; un Hollandais, appellé Jacques le Maire, en a trouvé un plus au sud, entre la terre de Feu et l'île des Etats : c'est la route que l'on suit actuellement.

La terre de Feu fut découverte

en 1520 , par Magellan , fameux capitaine Portugais, qui le premier passa ce détroit, et lui donna son nom. Cette île ou réunion de plusieurs îles, comme quelques-uns le prétendent, fut nommée terre de Feu, parce que Magellan en vit sortir des flammes pendant la nuit ; on présume qu'elles venaient d'un volcan que l'on a apperçu dans la partie méridionale. Le nord de cette contrée est couvert de hautes montagnes où l'on ne voit aucune trace de végétation. L'aspect des côtes y est extraordinaire, en ce qu'il ne présente que des élévations où la neige séjourne toute l'année, sans arbres, ni buissons. Les vallons sont innondés par la fonte des neiges qui arrive de temps en temps, et de nombreuses cascades font retentir les échos des rochers du haut desquels elles s'élancent. Des brouillards continuels environnent ces côtes, sur lesquelles on ne trouve que de la mousse et du céleri. Cette dernière plante semble avoir été placée par un bienfait de la nature, même dans les îles les plus désertes, pour servir de spé-

cifique contre le scorbut, le plus terrible fléau des gens de mer.

Quelque stérile, quelque sauvage
que soit la terre de Feu, on y trouve
néamoins des hommes. On a reconnu
une peuplade d'environ 2,000 ames,
qui se nomment Pécherais. Ils sont
petits, maigres, laids; ils ont de petits
yeux qui leur donnent un air de stu-
pidité, des jambes torses, le corps
très-mince. Malgré le froid, leur unique vêtement est la peau d'un veau
marin, qui ne leur couvre que les
épaules. Les femmes seules se cei-
gnent les reins d'une ceinture.

Les Pécherais portent sur la tête
un bonnet couvert de plumes de pin-
guins, oiseau de la forme d'un canard,
et très-nombreux dans leur île. Il n'a
pour ailes que des membranes sans
plumes comme les chauves - souris,
qui leur servent non à voler, mais à
nager; aussi se tient-il d'ordinaire sur
l'eau. Il y a une autre espèce de pin-
guins qui ont de grandes aîles au moyen
desquelles ils s'élèvent dans l'air. La
peau de Pécherais est jaune foncé et
brunâtre; ils se peignent le visage de

raies rouges et blanches. Des voyageurs prétendent avoir vu des naturels de l'île de Feu, qui étaient très-blancs.

Leur principale nourriture est la chair de veaux marins, qu'ils mangent avec voracité même quand elle est à moitié pourrie. Ils tuent ces animaux à coups de flèche dont la pointe est de pierre ou d'os. Ils vont à cette chasse dans des barques appellées pyrogues, faites d'écorce d'arbres et qui peuvent porter 7 à 8 hommes. On en voit une de ce genre dans le muséum de Versailles. On a remarqué que ce peuple était peu susceptible de curiosité ; on doit en conclure qu'il éprouve peu de besoins, et moins encore de desirs.

Les îles Malouines ou Facklaud.

Tel est le nom de deux grandes deux petites îles que nous trouvons au nord-est de l'île de Feu. On y voit beaucoup d'herbes et de simples, mais pas un arbre, ni un quadrupède ; en revanche une grande quantité d'oies, de canards, de bécasses. Les côtes abondent en poisson et sur-tout en lions marins.

Les lions marins sont des animaux amphibies. Ils ont quelquefois 18 pieds de long. Leur peau est brune et couverte d'un poil ras. Leur corps se termine en une queue de poisson; leur tête a une faible ressemblance avec celle du lion. Ils ont près de la poitrine deux pieds courts et informes qui leur servent à nager. Le mâle a une trompe qui tombe des mâchoires supérieures. Ils ouvrent la gueule de la largeur d'un pied, et rendent des sons semblables tantôt au grognement du cochon, tantôt au hennissement des chevaux; ils se nourrissent d'herbes et de la chair d'autres animaux marins. Cet animal a entre peau et chair un demi pied de graisse, dont on retire jusqu'à 500 pintes d'huile. Sa langue pèse jusqu'à 40 livres. Il passe l'été dans la mer, et l'hiver sur la terre : c'est dans cette dernière saison que se fait l'accouplement; mais le droit de jouir est acheté par des combats furieux que les mâles se livrent avec des cris horribles. Les lions marins sont forts et dangereux dans l'attaque, mais ils craignent les hommes et se laissent quelquefois apprivoiser.'

Ces îles, dont l'intérieur ne renferme que de stériles rochers, étant de trop peu d'importance, les Anglais ont abandonné l'établissement formé en 1765, dans l'endroit appellé *Fort-Egmond*, en conservant néanmoins leurs droits. Les Espagnols, qui considèrent tout ce qui est dans ces parages comme leur propriété, occupent encore la colonie de *Port Soledat*, formée par les Français en 1764, et qu'ils ont achetée de ceux-ci. Ces colons et quelques pêcheurs de baleine, établis çà et là, sont les seuls habitans de ces îles.

Voilà à-peu-près toutes les connaissances un peu positives que l'on a pû se procurer sur cette partie de l'Amérique. Nous omettons beaucoup de détails qui ne méritent aucune confiance, et dont il faut se garantir quand on ne veut point être induit en erreur. Sur le même degré de latitude, du côté de l'est, on trouve encore la nouvelle Georgie; île dont les rochers sont couverts de neige même en été, et qui est environnée d'écueils. Elle ne produit que quelques plantes, on n'a jamais tenté d'y faire des établissemens.

Nous abandonnerons ces pays froids et sauvages, pour revenir dans les doux climats dont nous nous étions éloignés. Nous doublerons pour cet effet le cap Horn, qui est à l'extrêmité de la terre de Feu, et découvert par le Maire, qui lui donna le nom de la ville où il était né. Après avoir remonté la côte occidentale du pays des Patagons, nous arriverons à l'île de Chiloé, et nous nous retrouverons dans les possessions réelles des Espagnols.

Royaume du Pérou.

Chiloé, avec les 40 petites îles qui l'avoisinent, forme un archipel richement peuplé d'Espagnols et d'Indiens, qui professent le christianisme. Elle est très-fertile, le climat en est agréable malgré les pluies abondantes qui y tombent. On pêche dans la mer qui l'environne, une grande quantité de baleines et de morues. Du reste elle offre les mêmes productions que la côte septentrionale du *Chili*, que nous allons parcourir. Le meilleur port de cette île est *Chacao*, ville considérable, fortifiée et défendue par une nombreuse garnison. Elle a environ 5o lieues de long sur 7 de large. On y trouve sur-tout beaucoup d'ambre gris.

De-là, nous arriverons sur le continent et nous aborderons à *Valdivia*. C'est la place la plus considérable du Chili ; elle est située à l'embouchure des deux rivières de Calacalla et del-Potrero, dans la mer du sud.

Nous voici sur la frontière du royaume du *Pérou*, qui se divise en trois grandes provinces ; l'île de *Lima*, *de la Paz* et le *Chili oriental*. Séparé au midi des Indiens libres par le fleuve *Bibio*, il s'étend au nord en demi cercle, depuis Lima jusqu'aux frontières de Quito. Sa longueur est considérable, mais sa largeur beaucoup moins grande ; car il ne va que jusqu'aux Andes qui le séparent du royaume de la Plata. Il est divisé en deux audiences, Lima et Chili. La première renferme les provinces de

Truxillo, d'*Aréquipo*, de *Guamaria*, de *Cusco* et de *la Paz*; la seconde consiste dans les deux évêchés de *Santiago* et de *la Conception.*

De la forteresse de *Valdivia* nous arrivons, en poursuivant au nord, dans la ville fortifiée de *Conception*, située à une demi - lieue du fleuve Bibïo. Elle a 10,000 habitans, un commandant et un évêque; les maisons sont construites en terre grasse, elles n'ont qu'un rez-de-chaussée à cause des fréquens tremblemens de terre ; les toits sont recouverts de tuiles ; le peuple y est sale et voleur. Les gens de distinction qui sont tous Espagnols, s'y distinguent par des manières polies et aimables, les femmes sur-tout, dont le costume est assez extraordinaire. Elles portent un vêtement de drap d'or ou d'argent, qui descend depuis les épaules jusqu'aux pieds ; il n'est arrêté que par une légère ceinture au-dessous du sein. Par dessus cette robe, elles ont deux petits manteaux, l'un de mousseline, l'autre de laine de couleur. Elles ôtent ce dernier, et quelquefois les deux quand elles vont en société : l'hiver elles s'en enveloppent la tête. Leurs bas sont à raies de couleur, et leur souliers extrêmement étroits, regardant la petitesse du pied comme un trait de beauté. Les deux sexes aiment passionnément la danse et la musique, desorte que les bals et les concerts y sont très-nombreux.

Le commerce de cette ville n'est pas considérable. En continuant dans la même direction, nous trouverons *San - Iago*, capitale du Chili, et la résidence du gouverneur-général. Elle est à 40 lieues de la côte, dans une plaine, près du fleuve de *Mapoko*, qui, se divisant en plusieurs bras, arrose les principales rues de la ville. Mais c'est un désavantage pour les habitans, qui y jettent tant d'ordures que, pour peu qu'il fasse chaud, ils sont empestés par des exhalaisons méphitiques. Les inondations du Mapoko seraient terribles s'il n'était retenu par une digue longue d'une demi - lieue, qui sert en même temps de jolie promenade. San - Iago, avec le faubourg, qui est de l'autre côté du fleuve, a environ une lieue de circuit;

le nombre de ses habitans est de 30,000. Les maisons sont assez belles et d'une construction particulière. Il y a plusieurs beaux édifices parmi lesquels se distingue l'hôtel de la monnaie, qui a coûté 4 millions à faire bâtir. Il sert de demeure à tous les employés. L'église métropolitaine est construite sur le modèle de Saint-Jean-de-Latran à Rome. Il y a une belle université, le gouverneur est le premier personnage de la ville. Tous les dimanches on va lui faire sa cour; de-là, on se rend chez l'évêque, qui distribue des bénédictions et présente la bague de son doigt à baiser. Les bals et les concerts y sont les plaisirs pour lesquels on a le plus de goût : tout le monde y est musicien, sur-tout les femmes, dont beaucoup jouent du violon, de la flûte, et presque toutes du piano. Elles sont brunes et en général jolies, mais elles négligent leurs dents; d'ou il résulte qu'il y en a très-peu qui les ayent belles. Les jeunes filles sont étourdies, aimables, enjouées, mais leur esprit est très-peu cultivé. On ne s'occupe des affaires à San-Jago, que jusqu'à

trois

trois heures après midi. Dans l'intervalle de 3 jusqu'à 6, on ne voit personne dans les rues, on ferme même
les boutiques. Il en est de même dans
tout le Chili, parce que c'est le temps
où la chaleur est la plus forte.

En quittant cette capitale nous suivrons une chaussée construite depuis
peu de temps, qui, après nous avoir fait
traverser des montagnes et des pays
incultes, nous conduit à *Valparaiso*,
ville commerçante où se réunissent
les diverses productions du Pérou.
Elle est sur le bord de la mer, dans
un joli vallon entouré de montagnes.

De-là, poursuivant toujours le long
des côtes vers le nord, nous passons
deux petites villes maritimes nommées *Coquimbo* et *Copiapo*, et nous
arrivons dans un vaste désert qui sépare le Chili du Pérou. Avant de
quitter le pays que nous venons de
parcourir, il est essentiel de dire un
mot de la manière dont il fut découvert, et de celle dont il devint une
possession des Espagnols.

Les Européens s'étaient depuis long-
temps établis dans le nouveau-monde,

que le Chili conservait encore sa liberté. Ses habitans étaient gouvernés par les Incas, dont les sages lois les rendaient heureux. Lorsque les Espagnols eurent fait la conquête du Pérou, de la manière dont nous le verrons dans la suite, ils formèrent le projet de soumettre ce vaste pays. Almagro, partit de Cusco au commencement de 1535, traversa les Cordelières; et quoiqu'une partie de ses soldats eût péri dans le trajet, il fut reçu avec soumission par un peuple effrayé de voir les vainqueurs de ses rois.

Almagro ayant été obligé de revenir au centre de l'empire avant de s'être assuré de la possession du Chili, Valavida y reparut en 1541. Il y pénétra facilement, parce que les nations qui l'habitaient étaient occupées de leur récolte. Mais revenus de leur première frayeur, ces peuples ne virent pas sans horreur tous les brigandages des Espagnols. Le desir de venger leurs frères inhumainement massacrés, leur fit saisir l'occasion; ils prirent les armes après avoir mis leurs grains en sûreté, et attaquèrent leurs tyrans. La guerre dura dix ans sans interruption et avec un acharnement incroyable. Presque toujours les Indiens eurent le dessous. Un vieux guerrier à qui son âge et ses infirmités permettaient à peine de sortir de sa cabane, furieux de voir les siens constamment battus par une poignée d'étrangers, recueillit les forces qui lui restaient encore. Il forma treize compagnies de mille hommes chacune. Il les mit en colonne l'une derrière l'autre, et marcha à l'ennemi. Il ordonna à la première, en cas qu'elle fut repoussée, non de se replier sur la seconde, mais d'aller se rallier sous la protection de la dernière; cette manœuvre fut exactement exécutée, et déconcerta les Espagnols. Après avoir enfoncé tous les corps l'un après l'autre, ils se trouvèrent avoir à combattre encore la même armée. Valdivia voulut se retirer vers un défilé; on le prévint : attaqué de tous les côtés, il se défendit long-temps; mais à la fin il fut massacré avec tout son monde. On prétend que les Indiens dans leur fureur, versaient de l'or fondu dans la bouche des Espagnols, en disant : *qu'ils s'abreuvent de ce métal puisqu'ils en sont si altérés.*

Les Indiens profitant de la victoire portèrent la désolation dans tous les lieux où il se trouvait des Européens ; peut-être eussent-ils tous été détruits si de nombreuses forces accourues du Pérou, n'eussent opposé une barrière aux vainqueurs justement furieux. Après une longue guerre et beaucoup de sang répandu, on vint à bout de les soumettre eux-mêmes ; mais on ne fit pas un pas sans combattre. De toutes les contrées du nouveau-monde, c'est le Chili qui a fait le plus de résistance, et encore aujourd'hui est-il loin d'être entièrement subjugué.

Les Espagnols ont, dans quelques peuplades qui habitent vers les Cordelières, des ennemis irréconciliables. Au moment où l'on y pense le moins, des nuées de sauvages inondent les habitations, surprennent les villages ; et jusqu'à ce que les garnisons des villes soient venues au secours, ils pillent, massacrent et incendient tout ce qu'ils rencontrent. Leurs retraites étant inaccessibles, il est impossible de détruire ces hordes qui se croient victorieuses toutes les fois qu'elles ont échappé aux poursuites de leur ennemi.

Après avoir passé ce désert dont nous avons parlé, nous trouvons la petite ville d'*Atacama*, qui lui donné son nom. Elle est dans les montagnes. Le froid y est excessif, quoiqu'elle se trouve à-peu-près sous le tropique.

Arica, que nous rencontrons plus loin, était autrefois une ville considérable; ce n'est qu'un village depuis le tremblement de terre de 1605. Il n'y pleut presque jamais. On y cultive en grande quantité l'*Axi* ou *Piment*. On doit l'abondance dans laquelle il y croît, à la fiante des oiseaux, appellée *Gana*; elle fertilise la terre au point qu'elle lui fait produire 4 à 500 pour un de tous les grains qu'on y sème.

Nous voici à *Aréquipa*, première ville importante du Pérou, et peuplée de 4,000 habitans. La situation en est agréable, l'air sain, le terroir fertile. Pendant toute l'année on y voit des prairies émaillées de fleurs, des champs couverts de moissons, des arbres chargés de fruits, et de nombreux troupeaux qui paissent en liberté dans de gras pâturages. Le commerce de cette ville est assez considérable. Mais au milieu de tous ces avantages, elle a un fléau destructeur qui la rend dangereuse à habiter; c'est un volcan assez près de la ville. Il occasionna, en 1784, un tremblement de terre qui en détruisit une grande partie.

Comme nous avions déjà parcouru l'intérieur du pays qui se trouve entre les deux mers, nous ne nous sommes point éloignés des côtes depuis notre retour chez les Espagnols. Nous entrons à présent dans cette contrée célèbre qui, d'un séjour de bonheur et de vertu, devint le théâtre de tous les crimes qu'enfantent l'avarice et la cupidité. C'est ici que la barbarie des Espagnols, que la cruelle soif de l'or détruisit des nations entières, innonda de leur sang, les champs les plus fertiles, et ne fit qu'un monceau de ruines des plus augustes monumens de la prospérité et de l'industrie.

Les Espagnols, après avoir fait des établissemens dans les îles qui com-

posent les Indes-occidentales, entreprirent d'asservir le continent même.
Ils portèrent leurs armes sur les côtes
les plus voisines, et soumirent d'abord
le Mexique, de la manière dont nous le
décrirons à notre arrivée dans ce pays.
Ils s'étendirent peu-à-peu sur les côtes
de la mer du Sud, et arrivèrent jusqu'à la baie de Panama, où ils bâtirent
la ville de ce nom. Plus loin, s'éten-
dait un pays immense dont ils enten-
daient sans cesse vanter les richesses
et la fertilité ; mais la réputation de
ses habitans en rendait la conquête
difficile. Plus policés que tous les
autres peuples de l'Amérique, gouvernés par de bonnes lois, et par ces
Incas dont la sagesse était si renommée, on fut long-temps sans oser
attenter à leur liberté. Enfin, trois
hommes obscurs, mais audacieux,
entreprirent de renverser un trône
qui subsistait avec gloire depuis des
siècles.

François Pizarre fut le premier qui
en conçut le projet. Il était le bâtard
d'un gentilhomme d'Estramadure. Son
éducation avait été si peu soignée qu'il

ne savait ni lire, ni écrire; mais la nature l'avait doué d'un certain génie. Il gardait les troupeaux, lorsque le bruit de la fortune que faisaient tous les avanturiers qui passaient dans le nouveau-monde arriva jusqu'à lui. Il s'embarqua, fut de toutes les expéditions : son courage le fit remarquer, il obtint des emplois militaires; l'expérience lui donna des talens, et la fortune fit le reste.

Il communiqua son hardi projet à Diégo d'Almagro, homme obscur comme lui, mais non moins entreprenant. Les biens de ces deux hommes, qui voulaient, à leurs frais, s'emparer de l'empire du Pérou, n'étant pas suffisans, ils s'associèrent un prêtre nommé Fernand de Luques. C'était un ambitieux qui, par la voie de la superstition, avait fait une fortune immense et dont la cupidité était insatiable.

Ces trois individus convinrent d'employer tout ce qu'ils possédaient à cette entreprise, et de se partager ensuite les richesses immenses qui en seraient le fruit. Ils levèrent des troupes, partirent de Panama, en 1526, avec 112 hommes, et vinrent débarquer sur les côtes du Pérou. C'est-là où les Espagnols pour la première fois jouirent du spectacle de l'opulence de l'empire péruvien. Mais ils sentirent en même temps leur faiblesse; et après avoir reconnu le riche pays dont ils espéraient s'emparer bientôt, ils retournèrent à Panama. Le gouverneur de cette ville avait traversé leur dessein de tout son pouvoir. Sentant bien que sans le secours du roi d'Espagne, ils n'en viendraient jamais à bout, les trois confédérés gagnèrent le cabinet de Madrid. Ils parvinrent à se faire donner trois vaisseaux, environ 200 hommes, des armes, des munitions; et Pizarre fut nommé d'avance gouverneur du pays qu'il voulait conquérir.

Il partit avec ces forces en 1530, débarqua à Tumbès et s'empara d'abord d'une petite ville dans la province de Couque. Il y trouva une grande quantité de vases et d'ornemens d'or et d'argent. Il les envoya de suite en Espagne et au Mexique, afin d'engager une

plus grande partie de ses compatriotes
à prendre part à l'expédition ; il reçut
en effet de nombreux renforts, et se vit
bientôt à la tête d'une armée qui
eût été peu imposante en Europe,
mais qui l'était beaucoup dans un
pays où le canon était inconnu, aussi
bien que la tactique européenne.

Avant de suivre Pizarre dans ses
conquêtes, examinons quel était l'état
du Pérou, à l'époque où les Espagnols
y parurent.

Ce vaste Empire était très-peuplé, et
formait un Etat parfaitement civilisé
sous la domination des Incas ou Em-
pereurs. Le peuple, divisé en tribus,
était surveillé par des Magistrats qui
rendaient la justice et avaient soin
de l'administration. On n'y souffrait
point de fénéans, et la mendicité y
était inconnue. L'empereur faisait examiner de temps en temps la conduite
des magistrats, et punir sévèrement
ceux contre lesquels on portait des
plaintes fondées. Chaque mois on pré-
sentait au souverain la liste de la
population. Son pouvoir était illimité,
car il était le maître absolu de la vie et

des biens de tous ses sujets ; mais il ne s'en servait jamais que pour leur bonheur. Le gouvernement faisait bien cultiver le pays, construire de grands chemins et des aqueducs qui, à en juger par les ruines qui subsistent encore, étaient des ouvrages étonnans pour des peuples qui n'avaient point le secours de nos machines et de nos différentes inventions. Les Incas ne se mariaient jamais qu'avec une fille de leur famille. Lorsque le jeune Incas avait atteint l'âge de vingt - quatre ans fixé par la loi, il épousait sa sœur, s'il en avait une, ou bien sa proche parente, qui ne devait pas avoir moins de dix-huit ans. La cérémonie se faisait avec une grande pompe dans le temple du Soleil à Cusco. Tous les deux ans, l'Empereur rassemblait dans le même temple tous les jeunes garçons et toutes les jeunes filles nubiles du sang royal, s'asseyait au milieu d'eux, choisissait ceux qui se convenaient, joignait leurs mains, leur faisait promettre une fidélité réciproque, leur donnait sa bénédiction, et les renvoyait à leurs parens. Les nouveaux

H 6

mariés se rendaient dans la maison du père de l'époux, où se célébraient les nôces qui duraient trois jours. De cette manière, la famille impériale ne contractait jamais d'alliance étrangère. Mais l'Incas seul épousait sa sœur.

Les Incas et leur famille portaient des habits qui les distinguaient de la multitude. On leur rendait des honneurs presque divins. Leur cour était brillante, leurs palais et leurs jardins magnifiques. Les Péruviens adoraient le Soleil comme l'unique source sensible des bienfaits de la nature; mais les plus éclairés de la nation admettaient un Etre-suprême, un esprit créateur, l'arbitre de tous les évènemens. Le Soleil avait un très-beau temple à Cusco, capitale de l'Empire et la résidence de l'Empereur. Les jeunes prêtresses, toutes issues du sang royal, et désignées par le nom de Vierges du Soleil, y vivaient dans une espèce de clôture. Les fêtes du Soleil étaient célébrées avec magnificence; l'on a conservé encore quelques-unes des hymnes péruviennes qui étaient chantées dans ces occasions et qui rappellent d'une manière touchante la douceur des mœurs et le génie de cette nation.

Rien n'est plus intéressant que le détail des usages de ces peuples. Au printemps, on cultivait les champs en commun, et chaque père de famille recevait un terrain proportionné au nombre de sa famille. Les villes avaient des magasins où chacun portait sa contribution en nature. Les armes et les habits militaires étaient conservés dans des arsenaux. Il ne paraît pas qu'il y eût une classe particulière d'artisans, mais chacun faisait lui-même tous les ouvrages dont il avait besoin.

Quoique les Péruviens n'eussent pas les connaissances des Européens, ils étaient cependant le peuple le plus cultivé de l'Amérique. Ils avaient quelques connaissances de géométrie, divisaient le temps en années et en mois, transmettaient à la postérité l'histoire de leur pays, au moyen d'une écriture hiéroglyphique, faisaient des ouvrages en prose et en vers, connaissaient la peinture, l'architecture et l'astronomie. Sans le secours du fer, ils savaient tailler, travailler les pierres et construire d'immenses édifices. Ils se servaient de cuivre pour la fabrication de leurs instrumens; leur vaisselle était de terre cuite. Ils étaient aussi le peuple du nouveau-monde le plus instruit dans l'art de construire les vaisseaux, de les mâter et de les conduire au moyen des voiles. On avait chez eux beaucoup de soin de l'éducation de la jeunesse ; la police était chargée de la surveiller. Les écoles publiques n'étaient point confiées aux prêtres ; ceux-ci étaient entièrement restreints à l'exercice des fonctions de leur culte. On trouvait dans tout le Pérou de grands chemins et des chaussées qui facilitaient les relations d'une province à l'autre; l'une de ces routes avait près de 3oo lieues d'étendue : on y voyait de distance à autre des pierres millières qui indiquaient aux voyageurs la situation des lieux et des auberges pour se reposer.

Les Péruviens n'enterraient point leurs morts, mais ils les mettaient dans de grands tombeaux murés, d'où résultaient des élévations de terre d'une hauteur et d'une longueur considérables. On appellait ces tombeaux *guacas* ; on en rencontre encore dans plusieurs endroits.

Rien n'eût été plus facile aux Européens que de civiliser entièrement un peuple qui avait déjà fait dans les arts des progrès aussi étonnans. Mais ce n'était pas le but des Espagnols en conquérant le Pérou. Pizarre ne fut pas plutôt arrivé, qu'il apprit que ce vaste Empire était désolé par la guerre civile ; Huascar et Athualpa, tous deux fils de l'Incas Huana Capac, qui en mourant avait partagé entre eux ses Etats, étaient armés l'un contre l'autre. Aucune circonstance ne pouvait être plus favorable au nouveau conquérant. Il s'avança sans obstacle jusqu'à ce qu'Huascar ayant ouï-parler de ces étrangers, leur envoya des ambassadeurs pour lui offrir son amitié, s'ils voulaient s'unir à lui contre son frère. Celui-ci venait de remporter plusieurs victoires, et lui faisait craindre une ruine prochaine. Pizarre se déclara pour le parti de Huascar : il sentit qu'en soutenant le plus faible contre le plus fort, il viendrait à bout de les subjuguer tous deux. Il s'avança, avec sa petite troupe, vers Caxamalca, petite ville près de laquelle était campé Atahualpa avec une grande partie de ses troupes. Il n'avait fait encore que peu de chemin lorsque des ambassadeurs de ce prince vinrent à sa rencontre avec de riches présens, lui offrir l'alliance de leur maître et l'inviter à se rendre auprès de lui. Pizarre employa un artifice qui avait été déjà mis en usage en Amérique par les Européens; il se donna pour l'ambassadeur d'un prince puissant, qui lui envoyait son secours contre les ennemis qui lui disputaient le trône.

Comme il était impossible que les Péruviens se fissent une idée du véritable objet qui attirait les Espagnols dans leur pays, et que d'ailleurs leur nombre était trop peu considérable pour inspirer des craintes, ils n'éprouvèrent aucune méfiance. On leur laissa passer tranquillement des defilés et des montagnes où un petit nombre d'hommes aurait pu arrêter une armée nombreuse ; et la sécurité de l'Incas fut telle qu'on leur laissa prendre possession de ces passages importans. Dès qu'ils approchèrent du camp d'Ata-hulpa, l'Incas leur fit renouveler les assurances de son amitié, et y ajouta de nouveaux présens.

Pizarre, à son entrée dans Caxa-malca, prit possession d'une grande place environnée d'un rempart de terre, et établit ses troupes dans ce poste avantageux. De-là il envoya son frère Ferdinand au camp de l'Incas, qui était à une lieue de la ville, pour lui demander une entrevue. Atahualpa le reçut comme un allié, et promit d'aller le lendemain visiter les Espa-gnols dans leur quartier. Ferdinand, ainsi que ceux qui l'avaient suivi, furent moins sensibles à l'accueil du Monarque, que frappés des immenses richesses qu'ils virent étalées avec pro-fusion. A leur retour, la description qu'ils en firent ne servit qu'à rafermir Pizarre et ses compagnons dans l'hor-rible projet qu'ils avaient conçu. Il en prépara de suite l'exécution. Il partagea sa cavalerie en trois petits escadrons, sous le commandement des trois plus téméraires de ses officiers ; son infanterie fut réunie en un seul corps. Il plaça vis-à-vis du chemin par lequel l'Incas devait arriver, son artillerie, qui consistait en deux pièces de campagne et quelques arquebuses, et ordonna que personne ne fît aucun mouvement jusqu'au moment où il donnerait le signal convenu.

Le lendemain l'Incas s'approcha, environné de toute la pompe royale. Il était précédé de 400 hommes habillés magnifiquement ; assis lui-même sur un trône couvert d'or et enrichi de diamans, il était porté sur les épaules de quatre de ses principaux officiers. Plus de 30,000 hommes étaient à sa suite, et couvraient la plaine par laquelle il s'avançait.

Dès que le Monarque fut près du quartier des Espagnols, l'aumônier de l'expédition, appelé Vincent Valverde, s'avança vers lui, un crucifix dans une main, un bréviaire dans l'autre, et demanda à lui parler au nom de son Souverain. Là, après lui avoir fait exposer par son interprète les principaux dogmes de la religion chrétienne, le droit qu'avait le pape de disposer des couronnes et la donation qu'il avait faite au roi d'Espagne de toutes les régions du nouveau-monde, il somma Atahualpa de reconnaître son autorité et d'embrasser la religion de Jésus-Christ. Il ajouta que s'il s'y soumettait, le roi d'Espagne lui permettrait de continuer à régner; mais que s'il persistait à vivre dans l'idolâtrie, il le menaçait de sa vengeance.

Cette étrange sommation parut si incompréhensible à l'Incas, ou pour mieux dire, il la reçut avec tant d'indulgence, qu'il se contenta de lui répondre qu'il tenait sa couronne de ses pères, et qu'il n'y renoncerait pas plus qu'à sa religion; qu'il trouvait étonnant qu'un prêtre étranger prétendît lui faire abandonner le culte du Soleil, cette immortelle divinité, pour le dieu des Espagnols, qu'il disait être sujet à la mort; il finit par lui demander où il avait appris toutes les choses extraordinaires qu'il venait de lui dire. *Dans ce livre*, répondit Valverde, en lui montrant son bré-

viaire. L'Incas prit ce livre, l'examina,
en tourna quelques feuillets, et
l'ayant approché de son oreille lui
dit : « Ce que vous me donnez-là parle
« pour vous, peut-être ; mais il ne me
« dit rien. » A ces mots, il jetta le livre
avec mépris. Aussi-tôt le moine
furieux court à ses compagnons, et
s'écrie : « Que la parole de Dieu est
« profanée, qu'il est du devoir des
« chrétiens d'en tirer vengeance. » A
l'instant le signal est donné ; le canon
tire, les chevaux s'élancent, et l'infanterie prenant la foule des Péruviens
au dépourvu s'élance sur eux l'épée à
la main. Ces malheureux, étonnés
d'une attaque aussi imprévue, effrayés
des terribles effets des armes à feu, et
de l'impétuosité de la cavalerie qu'ils
voyaient pour la première fois, prennent la fuite sans songer à se défendre.
Pizarre, qui s'était entouré d'une
troupe d'élite, marche droit à l'Inca ;
il enfonce la foule des courtisans qui
l'entourent, saisit le monarque par le
bras et l'amène dans son quartier. Alors
la fuite devient générale ; les Espagnols
n'ont que la peine de frapper ; ils mas-

sacrent tout ce qu'ils rencontrent, et la fatigue seule leur fait suspendre le carnage. Plus de quatre mille Péruviens furent égorgés de cette manière par une poignée d'hommes. Les Espanols n'en perdirent pas un seul : il n'y eut que Pizarre de blessé par la maladresse d'un de ses gens.

Le malheureux Prince n'eut pas passé quelques jours parmi ceux qui l'avaient fait prisonnier, qu'il reconnut la passion qui les dominait. Outre les trésors immenses qu'ils avaient trouvés dans le camp, ils ne s'entretenaient sans cesse que de celles plus considérables encore que devait leur fournir la conquête de l'Empire. Atahualpa se flatta de recouvrer sa liberté au moyen d'une énorme rançon. Il en fit la proposition à Pizarre, qui l'accepta. Les offres qu'il fit surpassèrent tout ce qu'avait pu concevoir la cupidité de ses ennemis. La chambre dans laquelle il était gardé avait vingt-deux pieds de long sur seize de large; il promit de la remplir jusqu'à la hauteur d'un homme, de vases, de lingots et d'autres effets d'or. On lui

permit de donner des ordres en conséquence dans toutes les provinces. Les
Péruviens, craignant d'exposer la vie
de leur souverain, aimèrent mieux le
délivrer de cette manière qu'en em-
ployant la violence. De tous côtés on
envoya des trésors. La rançon fut
payée. Mais l'avarice des Espagnols
ne fut point encore satisfaite. Almagro
était arrivé avec des renforts; on se
voyait en état de conquérir le royaume
d'Atahualpa, sa mort fut résolue. Pour
donner à une telle barbarie quelqu'apparence de justice, on voulut le faire
juger suivant les formes usitées. On
établit un conseil; les accusations les
plus absurdes y furent portées contre
l'infortuné monarque, qui fut condamné à être brûlé vif. Accablé par
sa destinée, il s'efforça d'obtenir par
ses larmes et ses prières d'être envoyé
en Espagne où un monarque serait
son juge. Mais la pitié était un sentiment inconnu au cruel Pizarre et à ses
barbares compagnons. Il ordonna que
l'exécution fût faite sur-le-champ. Le
monarque s'adressa en vain à l'aumônier; il ne put obtenir que l'assurance

d'un adoucissement à son supplice, s'il embrassait la religion chrétienne. La crainte d'une mort aussi cruelle lui arracha la demande du baptême : la cérémonie fut faite ; et Atahualpa au lieu d'être brûlé, fut étranglé au poteau où déjà il était attaché.

Dès que sa mort fut connue, plusieurs grands de l'Empire, cherchèrent à se rendre indépendans. Huascar avait été tué sur ces entrefaites ; on élut un nouvel Incas, mais le royaume fut divisé par les factions. Pizarre en profita ; les richesses immenses qu'il avait acquises ammenaient tous les jours sous ses drapeaux de nouveaux avanturiers. Il marcha à Cusco, livra plusieurs batailles où les Péruviens furent défaits, et s'empara de la capitale de l'Empire ; les richesses qu'il y trouva furent plus considérables encore que tout ce qu'il avait vu précédemment: mais ce qui est à remarquer, c'est que les Espagnols, accoutumés déjà à voir des trésors amoncelés, furent moins frappés de ceux-ci qu'ils ne l'avaient été à la vue des premiers, quoique moins considérables. Tant il est vrai que l'abondance détruit le prix de tous les biens.

Il restait encore aux Espagnols le royaume de Quito à conquérir; Pizarre en vint à bout avec la même facilité : mais en entrant dans la capitale, il éprouva une grande mortification. Les habitans, connaissant le motif qui animait leurs ennemis, ne pouvant les vaincre, se vengèrent en emportant les trésors immenses que possédait cette ville, desorte que les Espagnols n'y trouvèrent rien de ce qu'ils espéraient. Pizarre, après des conquêtes aussi brillantes, retourna en Espagne où il rapporta une quantité d'or et d'argent qui excitèrent une admiration universelle. Il fut reçu par l'empereur Charles-Quint avec tous les honneurs qui paraissaient lui être dûs : on le confirma dans sa qualité de gouverneur du Pérou, et on le combla de dignités. Almagro fut récompensé de même. Ces deux conquérans retournèrent en Amérique : le premier s'attacha à établir un nouvel ordre de choses dans le pays qu'il avait soumis;

l'autre

l'autre marcha à de nouvelles conquêtes, et fut soumettre le Chili.

Telle est la manière dont les Européens se sont rendus maîtres de cette partie du monde. C'est ainsi que les Espagnols ont acquis ces sources intarissables de richesses, qui ont fini par énerver une nation jadis si guerrière, et la réduire à l'état de faiblesse où nous la voyons. L'Espagne, avant la conquête de l'Amérique, était le premier royaume de l'Europe ; il semble qu'elle y ait trouvé le tombeau de sa grandeur. Quant au Pérou, les cruautés qui ont accompagné l'asservissement et la dissolution de cet Empire, les travaux insupportables que les conquérans exigèrent de leurs nouveaux sujets, l'introduction de la petite-vérole et d'autres maladies inconnues en Amérique avant l'arrivée des Européens, réduisirent tellement la population, que peu d'années après la conquête, ce qu'on racontait de son ancien état, paraissait absolument incroyable. Non-seulement, il se ressent encore de cette dépopulation, mais l'oppression et l'esclavage ont entièrement changé le caractère de la nation. Autrefois le Péruvien était civilisé ; il aimait les arts, et possédait les vertus sociales. Aujourd'hui, il est ignorant, grossier, sauvage, pusillanime, paresseux. S'il montre quelquefois de la sagacité et une méchanceté réfléchie, ce n'est que lorsqu'il s'agit de tromper ses oppresseurs. Tout ce qui intéresse vivement les Européens, honneurs, richesses, bien-être, lui est entièrement indifférent. La nourriture la plus simple lui suffit. Son plus grand plaisir est de boire du vin ou des liqueurs fortes ; mais il n'y a que les pères de famille qui osent se le permettre.

Ils sont tous catholiques, mais en même temps excessivement superstitieux. Ils sont forcés d'aller à l'église certains jours de la semaine ; on les punit s'ils y manquent. Le gouvernement et les moines sont les deux tyrans de ces malheureux. Quand ces derniers vont faire la quête, ils entrent dans les cabanes sans la permission du maître, et prennent ce qui leur convient. Ils sont obligés de travailler sans recevoir de salaire, et de fournir au gouvernement certains objets, comme les mulets qui servent à l'exploitation des mines. Les nègres même traitent les Péruviens avec mépris.

Quelle foule de réflexions ne fait pas naître l'histoire de cette malheureuse partie du monde ! La première qui se présente est que les nations civilisées sont plus barbares encore que celles que nous appelons sauvages. Que l'on m'en permette une autre, que m'offre le tableau comparatif du siècle où se commirent tant d'horreurs avec celui où nous vivons. L'Europe entière parut indignée que l'on prît une religion fondée sur les préceptes évangéliques , pour prétexte de la destruction des hommes. La philosophie éleva sa voix et répandit ses lumières. Bientôt elle renversa le trône de la superstition , et éleva le sien sur ses débris. Quel triomphe pour l'esprit humain ! s'écria-t-on de tous côtés : jamais les hommes n'avaient paru aussi éclairés qu'à la fin du dix-huitième siècle. Les mots d'humanité et de liberté étaient dans toutes les bouches; la liberté des opinions sur-tout fut solemnellement proclamée. Pouvait-on craindre encore que l'intolérance fît répandre le sang?... Que dis-je? les excès les plus contraires ne se ressemblent-ils pas dans leurs effets? Au seizième siècle, les Européens égorgeaient leurs semblables, dans le Nouveau-Monde, au nom de la religion; au dix-huitième, ils massacrèrent dans l'Ancien-Monde au nom de la philosophie. Là, des fanatiques cruels faisaient mourir ceux qui ne voulaient pas croire; ici, de prétendus philosophes, non moins intolérans, persécutent ceux qui croient. Que faut-il en conclure? que l'erreur sera toujours le partage des hommes, tant qu'ils donneront dans les excès. Si l'obscurité de la nuit rend aveugle, n'est-on pas ébloui de l'éclat du soleil? Il en est de notre esprit comme de nos yeux: l'un et l'autre ne peuvent supporter qu'un certain degré de lumière; hors de-là il n'y a plus qu'erreur pour tous deux. Préservons-nous donc de l'exagération des principes, quels qu'ils soient; et que l'intolérance philosophique, tout aussi bien que l'intolérance religieuse , soient à jamais regardées comme le fléau de la société.

Malgré tous les efforts des Européens pour soumettre la totalité des habitans du Pérou, quelques contrées ont conservé leur liberté, et l'ont défendue avec courage. On trouve au sud de la rivière de Bibio , les *Araucanes*, les *Cuenches* et les *Huiliches*, indépendans du joug espagnol. Ceux-ci n'ayant pu les réduire , malgré les guerres les plus cruelles , cherchent à les civiliser. Ils ont introduit chez eux l'agriculture et la manière d'élever le bétail. Aussi ont-ils beaucoup de chevaux , de bœufs et de brebis , tous de la race de ceux d'Espagne. Ces Indiens nomades changent sans cesse d'habitations. Ils sont presque toujours à cheval, et se nourrissent de racines , de lait et de la chair de leurs troupeaux. Ils ressemblent aux Arabes et aux Tartares d'Asie. Comme ils n'ont point encore de gouvernement politique , ils se laissent conduire par les conseils des vieillards. Plusieurs de ces hordes sont encore en guerre avec les Espagnols. Si l'une est vaincue, elle abandonne la contrée et revient au bout de quelque temps avec de nouvelles forces et une nouvelle fureur. Souvent ils forment des armées de 15 à 20,000 hommes. Les Espagnols, qui perdaient beaucoup de monde dans de semblables expéditions, ont été forcés de diminuer les vexations qui les leur attiraient ; ces peuples se sont laissé facilement appaiser dès qu'on les a pris par la douceur.

Il ne faut pas croire que l'Espagne ait retiré de ses immenses conquêtes tout le fruit qu'elles semblaient lui promettre. Les Européens établis au Pérou sont si lâches et si paresseux, qu'ils ne songent qu'à jouir sans aucun travail ; il s'ensuit une grande négligence dans l'exploitation de toutes les denrées. L'exportation et l'importation étant chargées d'impôts considérables, le commerce n'a point d'activité. Il y a même peu de débit des ouvrages d'or et d'argent que l'on y travaille. Tout cela prouve le vice de son gouvernement.

Nous allons poursuivre nos détails

topographiques, et parcourir ce pays dans son état actuel.

D'*Aréquipa*, où nous étions restés, nous parcourons une plaine qui se trouve au nord-ouest, et nous arrivons à *Cusco*, cette ancienne capitale de l'Empire Péruvien. Les Espagnols, après l'avoir détruite, l'ont entièrement rebâtie à l'européenne ; on n'y trouve plus que quelques ruines du palais des Incas et de plusieurs édifices publics. Cette ville a aujourd'hui 26 à 30,000 habitans, un grand nombre de manufactures et un commerce assez étendu, sur-tout avec le Chili. A la place du temple du Soleil, dans ce lieu où tant de sang innocent fut répandu, on a bâti un très-beau cloître. Cusco fut assiégé, pris et repris plusieurs fois par les Indiens ou par les Espagnols. Ces derniers, après la conquête du Pérou, s'étant divisés d'intérêt, par l'avarice de leurs chefs, se firent mutuellement la guerre. Elle finit par la mort d'Almagro, que Pizarre, son ancien compagnon d'aventures, mais bien plus barbare que lui, fit étrangler à l'âge de 75 ans.

Au nord-ouest de Cusco est *Lima*, non loin de la mer sur le fleuve du même nom. Cette ville, grande et assez bien bâtie, n'a plus les édifices qu'y firent construire ses fondateurs; des tremblemens de terre les ont renversés. On y voit un grand nombre d'églises, 40 cloîtres, une université, un tribunal d'inquisition, un archevêque, une audience et 54,000 habitans. C'est le siège du vice-roi, dont la puissance est illimitée et la fortune immense. Aussi a-t-il une cour vraiment royale. Il ne se montre jamais en public qu'environné de gardes richement habillés.

Lima est la nouvelle capitale du Pérou. Il y règne un très-grand luxe, qui consiste particulièrement en équipages et en domestiques. Les femmes y sont aimables, mais très-libres dans leurs manières : elles ont un talent distingué pour la danse et le chant. Ici, comme à la Chine, les petits pieds sont un trait de beauté : aussi les serre-t-on extraordinairement aux enfans.

Plusieurs manufactures rendent le commerce de cette ville considérable.

C'est - là où l'on transporte les productions de toutes les provinces, pour passer ensuite en Espagne.

Nous ne trouvons plus dans l'intérieur du Pérou que *Truxillo*, qui mérite notre attention. Cette ville fut bâtie par Pizarre; elle fait quelque commerce, mais n'a jamais été bien importante, malgré l'avantage de sa situation.

Tout ce royaume n'est qu'un pays de côtes, qui est traversé par les *Andes* ou *Cordelières*; cette vaste chaîne de montagnes, qui s'étend dans toute l'Amérique - méridionale, depuis le Mexique jusqu'au détroit de Magellan. Ce sont, comme nous l'avons dit, les plus hautes du monde; les pics les plus häuts sont élevés au-delà de 3,000 toises au-dessus de la surface de la mer. La plupart ont été ou sont encore des volcans. Au-dessus de 15 ou 1600 toises d'élévation, ils sont couverts d'une neige qui ne fond jamais. Ces montagnes, si escarpées à l'occident, se terminent insensiblement, à l'orient, par des collines qui, par une pente insensible, se changent en une plaine immense.

I 5

Les tremblemens de terre sont très-fréquens dans le Pérou. La ville de Lima est sur-tout exposée aux funestes révolutions qu'ils produisent. Depuis 1582, elle en a éprouvé dix-sept, qui, plusieurs fois, en ont détruit une partie. Depuis le mois d'octobre 1746 jusqu'au 24 février de l'année suivante, il ne se passa pas huit jours sans qu'il y eût quelque secousse. La première fut si forte que la ville de Callao, qui en est proche, fut couverte d'eau, et que de 4,000 habitans qui s'y trouvaient, il ne s'en sauva pas 200; vingt-trois vaisseaux qui étaient dans le port coulèrent à fond. Dans la même nuit, quatre volcans s'ouvrirent à-la-fois et vomirent des torrens de flammes; l'air retentissait d'un mugissement semblable à celui du vent, et d'un fracas comme celui du tonnerre : on n'était en sûreté nulle part; l'eau était extraordinairement agitée, et la terre s'entr'ouvrait par-tout.

Le sol du Pérou est en général très-fertile. Il produirait encore bien davantage, et ce royaume serait le plus florissant de l'univers, si ses habitans ne préféraient pas des ressources qui exigent moins de travail , et ne laissaient pas les meilleures terres en friche.

Entre les animaux indigènes que l'on trouve au Pérou , on remarque le *lama* , la *vigogne* et le *guanuco*.

Le *lama* a six pieds de long et quatre pieds et demi de haut. On l'apprivoise aisément, et il porte des fardeaux qui cependant ne doivent pas être trop lourds ; car si on le surcharge ou qu'on le fasse aller trop vîte , il tombe et on ne saurait plus le faire relever.

La *vigogne* ressemble entièrement à nos chèvres, excepté pour la couleur. Elle habite les plus hautes montagnes et se nourrit d'herbes. On tue cet animal pour en manger la chair , mais sur-tout pour en avoir la laine , la plus belle et la plus fine que l'on connaisse. Elle se vend jusqu'à 16 et 18 francs la livre , et l'aune du drap qu'on en fabrique coûte jusqu'à 8 louis.

Le *guanuco* , ou chameau sauvage, a le corps d'un rouge brun , mais la tête et la poitrine blanches. Il vit dans les montagnes : quoiqu'il ait les jambes grosses, il a l'agilité du cerf.

I 6

Parmi les nombreuses espèces d'oiseaux, nous ne parlerons que du
Condor. C'est le plus grand et le plus
redoutable des oiseaux de proie. Sa
taille est monstrueuse, et ses ailes
ont jusqu'à vingt pieds d'envergeure :
il fait en volant un bruit effroyable :
il attaque le bœuf, le chameau, enlève
les chèvres et les moutons ; ne se laisse
effrayer ni par le berger, ni par le
bruit des armes à feu. On le voit
fondre quelquefois sur des enfans de
dix à douze ans. Les Indiens n'ont
qu'un moyen de se saisir de ce redoutable ennemi. Ils font, avec une argile
très-visqueuse, une figure d'enfant :
le vorace animal se précipite dessus,
ses griffes extraordinairement longues
s'y enfoncent ; il ne peut de suite s'en
dégager, et on profite de ce moment
pour l'assommer.

Les montagnes renferment, outre
l'or et l'argent, une grande quantité
de minéraux. Plusieurs fleuves rou-
lent du sable d'or. De-là vient que
beaucoup de gens gagnent leur subsis-
tance à laver de l'or de rivière. Un
homme peut aisément en laver pour

cinquante sous ou un écu par jour. L'évêché de la Conception fournit annuellement de cet or pour la valeur de 200,000 piastres.

Il est impossible de déterminer la quantité d'or et d'argent que produisent les différentes mines du Pérou. Mais il est prouvé que la plus renommée, celle du Potosi, a rendu pendant long-temps jusqu'à 26 millions par an. Il y en a une grande quantité d'autres qui s'épuisent ou se renouvellent suivant la direction des veines.

La Nouvelle-Grenade.

Ce royaume renferme la Terre-Ferme, l'isthme de Darien, la Guyane espagnole et la province de Quito. Il est borné au nord par la mer des Caraïbes; au sud par le Pérou et la Guyane portugaise; à l'orient par la Guyane hollandaise et la mer Atlantique; à l'occident par le Mexique et la mer du sud.

L'isthme de Darien, qui a 150 lieues de long, n'en a que 25 à 30 de large dans l'endroit le plus étroit. Il y a long-temps qu'on l'aurait percé, et que de cette manière on aurait réuni les deux mers, si les Cordelières, qui s'étendent du Pérou au Mexique, et la multitude d'écueils et d'îles qui arrêtent la force des eaux, ne se fussent opposées à cette révolution.

La mer forme, au nord-est, la baie de *Darien*, et à l'ouest celle de *Panama*. Une grande partie de ce pays est couverte de montagnes, dont plusieurs renferment des volcans. Il est arrosé par un grand nombre de rivières, dont les principales sont le *Maragnon*, le *Napo*, le *Putumayo*, le *Négro*, le *fleuve de la Magdeleine* et l'*Orénoque*, le plus grand de tous. Ce dernier se jette avec tant de violence dans l'Océan, qu'il repousse au loin les flots de la mer, et qu'on distingue encore ses eaux douces à plusieurs lieues de son embouchure. Il inonde les contrées voisines jusqu'à vingt pieds de hauteur pendant plusieurs mois, et oblige les habitans de se réfugier sur les montagnes.

Les vallées de la Nouvelle-Grenade sont en général très-fertiles; elles produisent non-seulement presque tous grains d'Europe, mais une grande partie des denrées d'Amérique. Parmi les plantes qui sont particulières à ce pays, on remarque l'*agave* ou *aloès pitte*, qui croît en forme de pyramide à la hauteur de 30 pieds. Il porte des feuilles très-épineuses, qui ont trois pieds de long. Quand l'arbre a 30 ans, il produit une fleur odoriférante qui dure trois mois. Sa tige sert à faire des palissades, ses feuilles à couvrir les toits, et l'on se sert de ses épines pour les flèches et souvent en guise de clous. Les Indiens se nourrissent quelquefois de ses feuilles, et retirent de leurs fibres une sorte de fil très-fort, dont ils font des cordages, des voiles et des hamacs. Le suc des racines donne du sirop, du sucre et une espèce de vin, par le moyen de la fermentation. Les arbres à haute-futaie y sont aussi très-nombreux, et leurs espèces très-variées : on remarque le *manglier*, dont les rameaux, après s'être élevés, laissent pendre jusqu'à terre des filamens qui s'y couchent, y prennent racine et produisent de nombreux rejetons; de manière

qu'un seul arbre peut devenir la sou-
che de toute une forêt.

Ces contrées fournissent une grande
quantité d'animaux, qui sont à-peu-
près les mêmes que dans les parties
de l'Amérique qui les avoisinent. Sans
renouveler les détails déjà donnés,
distinguons la *philandre*, espèce de
rat, dont la femelle porte sur le dos
ses petits, qui, pour s'y fixer, entor-
tillent leurs longues queues autour de
la queue recourbée de la mère ; des
chauves-souris, nommées *vampires*,
qui s'attachent aux hommes et aux
animaux qu'elles trouvent endormis,
et leur sucent le sang jusqu'à leur
donner la mort ; les *mille-pieds* ou
scolopendres, dont la piqûre est aussi
dangereuse que celle du scorpion.

Un des animaux les plus redoutables est le crocodile d'Amérique,
ou le *kaïman*. Sans avoir la grosseur
et la force des crocodiles d'Afrique,
il ne craint point d'attaquer les plus
grands des animaux terrestres. Il vit
d'ordinaire dans l'eau, et c'est de-là
qu'il épie sa proie. Quelque bête fauve
ou domestique vient-elle boire dans

un fleuve, il se jette sur elle et la dévore. Malheur à l'homme qui s'endort
dans sa nacelle, ou qui vient se bai-
gner sans précaution.

Les eaux qui arrosent ce pays fournissent différens trésors, parmi lesquels
il faut compter le nacre de perles.
D'habiles plongeurs, accoutumés à
retenir long-temps leur haleine, des-
cendent dans des corbeilles à 60 ou
80 pieds de profondeur, et vont chercher les huîtres nacrées attachées aux
rochers. La corbeille remplie, ils tirent
une corde pour qu'on les enlève. Ils prétendent qu'il fait presque aussi grand
jour au fond de la mer que sur la terre.
Ceux qui font ce métier courent divers dangers : ils sont exposés à être
dévorés par des monstres marins, ou
d'étouffer par le manque d'air ; car ils
se serrent les narines au moyen d'une
corde fendue, et s'attachent dans la
bouche quelque corps spongieux. Ces
plongeurs ont des maîtres, pour le
compte desquels ils travaillent ; ils
sont obligés de leur fournir un nombre
fixe de perles par jour : on dit qu'une

seule barque peut en recueillir pour plus de cent mille francs par an.

Les mines d'or, d'argent et de cuivre que renferment les montagnes, ne sont point aussi considérables que celles du Pérou. En général, ce pays, quoique riche, est d'un rapport peu considérable pour les Espagnols, à cause de sa faible population, et du peu d'industrie de ses habitans. Mais il est susceptible de tout ce qui peut élever une colonie au plus haut degré de prospérité.

En quittant le Pérou, nous entrons dans la province de *Quito*, qui a plusieurs villes remarquables. Nous arrivons d'abord à *Lopa*, dont les environs sont renommés par la quantité de quinquina qu'ils produisent; de-là à *Cuença*, qui a 3,000 habitans, nommés *Merluques*. Si nous faisons le tour du grand golfe de Guayaquil, dont les côtes fournissent une prodigieuse quantité de cacao, nous arriverons à *Quito*.

Cette capitale, quoique située presque au-dessous de la ligne équinoxiale, est entourée de montagnes couvertes de neige. Il faut l'attribuer à leur grande hauteur, puisqu'elles sont à plus de 3,000 toises au-dessus de la mer. D'un côté de la ville est le volcan de *Pichincha*, qui, après avoir causé d'horribles tremblemens de terre, a cessé depuis plusieurs années de vomir des flammes. Cependant on entend encore dans son sein les vents mugir avec furie. La population de *Quito* se monte à 40,000 ames. Les habitans sont espagnols, métifs, indiens ou nègres. Les rues sont inégales, mal pavées et sales. Il n'y a point de voitures, mais les gens riches s'y font porter dans des litières richement ornées. Les environs sont embellis par des jardins et de belles maisons de campagne. Nous avons déjà dit la manière dont cette ville était tombée au pouvoir des Espagnols.

De *Quito* nous allons à *Popayan*, capitale de la province de ce nom. Cette ville a 12,000 habitans ; comme elle est dans les terres, elle ne fait qu'un commerce très-borné. Cette contrée fut découverte en 1536 par Sébastien Bélalcaçar. Une partie est habitée par des sauvages courageux, rusés, très-propres à la guerre, et qui inquiètent

souvent les Espagnols. De-là nous
arrivons à *Santa-Fé*, capitale de tout le
royaume, résidence du vice-roi et de
l'archevêque, et où l'on compte de
25 à 30,000 ames. Notre route nous
conduit au nord, à travers un beau
pays, par *Mérida*, ville peu remarquable, à *Sainte-Marthe*, située près
de la mer, et importante par un très-
beau port. C'est la capitale d'une province de ce nom, très-fertile, et où
se trouvent des mines d'or et de diamans. Les sauvages qui y habitent
sont agiles, vigoureux, insolens et
guerriers. Ils ont un roi particulier :
jamais ils n'ont voulu se soumettre
aux Espagnols.

Enfin nous atteignons les bords de
la mer des Caraïbes, et cette célèbre
ville de Carthagène, la plus belle et
la plus forte de l'Amérique-méridionale. Elle fut bâtie en 1527 ; ses rues
sont larges, ses maisons construites
avec goût. On y voit plusieurs très-
beaux édifices. Son port est le meilleur qu'il y ait dans le Nouveau-Monde.
C'est de-là que les habitans de l'intérieur du pays tirent les marchandises

d'Europe, et que les vaisseaux espagnols rapportent chez eux toutes les productions coloniales. Il s'y fait un trafic prodigieux, sur-tout en perles et en nègres. Cette ville fut pillée par les Français en 1544, et brûlée par les Anglais en 1585. Les Français s'en emparèrent de nouveau cinquante ans après, et y firent un butin prodigieux. Elle est sur la mer, dans une presqu'île de sable, qui ne tient au continent que par une langue de terre. Ses fortifications sont régulières, et la rendent d'un abord difficile. On y compte 25,000 habitans, dont les Espagnols ne font que la sixième partie. Les chaleurs y sont excessives et continuelles, même pendant le temps des pluies, qui dure depuis le mois de mai jusqu'en novembre. La diversité des espèces d'hommes qui l'habitent, offre un mélange singulier de blanc, de noir, de rougeâtre et de couleur de cuivre. Leurs caractères diffèrent autant que leurs figures, leurs habillemens et leurs mœurs : mais ils aiment tous le tabac, le chocolat, l'eau-de-vie et les boissons spiritueuses. Ils sont sujets à diverses maladies attachées à ce climat, particulièrement à une lèpre hideuse. Pour en arrêter la contagion, on a bâti, hors de la ville, un grand hôpital, où l'on renferme tous ceux qui en sont attaqués.

Le dernier pays que nous venons de parcourir s'appelle *Terre-Ferme*, et forme l'extrêmité de l'Amérique-méridionale. En traversant la *baie de Darien*, nous arrivons à *Portobello*, ville bien située au bord de la mer, sur la côte septentrionale de l'isthme. D'un côté elle touche au penchant d'une montagne ; de l'autre, à l'excellent port, qui fut découvert par Christophe Colomb, en 1504. C'était autrefois une place importante ; on y transportait tout l'or et l'argent du Pérou pour y être embarqué ; mais elle est négligée depuis que le commerce a pris une nouvelle direction.

De l'autre côté de l'isthme de Darien se trouve la ville très-considérable de *Panama* ; elle est grande, riche, bien bâtie. Son évêque, suffragant de Lima, se dit primat de la Terre-Ferme. L'Europe n'offre pas des édifices publics plus

magnifiques. Son port ne peut contenir que de petits vaisseaux ; mais
celui de *Périco*, qui n'en est qu'à deux
lieues, suffit aux flottes les plus nombreuses. Tout le commerce du Chili
et du Pérou vient aboutir à Panama.
Cette ville est située sur la baie du
même nom, à quatre lieues de l'ancienne Panama, qui fut détruite en
1670. On appelle quelquefois *Panama*,
l'isthme qui joint les deux Amériques ;
et que nous avons nommé *Darien*.

Il y a quelques autres villes dont
nous ne parlerons pas, vu leur peu
d'importance ; contentons-nous de jeter
un coup-d'œil sur la contrée qu'on
appelle *Terre-Ferme*, sur sa situation
politique et sur la nature de ses habitans.

Ce pays, ainsi que la Guyane, est
mal peuplé. L'agriculture, les arts et
toute espèce d'industrie, y sont entièrement négligés ; de-là vient le peu
d'avantages que les Espagnols en retirent. Plusieurs districts ne leur sont
pas même soumis. C'est par la voie
du christianisme qu'ils espèrent de les
réunir peu-à-peu : en effet, les mis-

sionnaires sont parvenus à faire recon- naître l'autorité de leur souverain à environ trois mille familles indiennes, qui habitent huit bourgs de la province de Sainte-Marthe. En 1785, les Indiens de l'isthme ont suivi leur exemple.

Les sauvages de la Terre-Ferme se distinguent par leur taille, leur force et leur agilité. Hardis et courageux dans la guerre, ils sont doux et d'un abord facile en temps de paix. Ils ont quelques usages bisarres ; celui, par exemple, de mettre aux plus rudes épreuves les chefs qu'ils choisissent pour les commander. Ils leur font souffrir, pendant plus d'un mois, tout ce que la faim, la soif, le chaud et le froid peuvent avoir de cruel. Ils les mettent aux prises avec des animaux féroces, les tourmentent à coups de fouets pour les accoutumer à la dou- leur, et ne consentent à leur obéir que lorsqu'ils ont tout souffert sans se plaindre. Les particuliers eux-mêmes se mortifient souvent le corps de cette manière, avant d'aller à la guerre, afin d'être insensibles aux tourmens que leurs ennemis leur feront éprou- ver,

ver, s'ils ont le malheur d'être faits prisonniers. Leur manière de se parer est très-singulière : ils s'attachent aux oreilles des poids qui les leur allongent jusques près des épaules ; souvent même au nez, de manière à ce qu'il leur couvre la bouche. Ils se percent les lèvres et les narines pour y passer des anneaux. La plus grande partie de ces peuples vont nuds ; plusieurs se couvrent d'une espèce d'habit, mais seulement dès l'âge de douze ans. Ils fabriquent pour cela des étoffes de coton, ou de filamens qu'ils tirent de l'écorce de certains arbres. Dans leurs voyages, le soleil et les étoiles leur servent à s'orienter ; ils ont quelques idées d'astronomie, et se servent, comme nous, du calcul décimal.

Nous avons parcouru toute l'Amérique-méridionale. Le tableau comparatif de sa situation actuelle avec celle où elle se trouvait avant d'être connue des Européens, prouve quelles immenses révolutions l'espace d'un siècle peut produire. Est-il concevable qu'une poignée d'hommes ait pu détruire des nations innombrables, renverser les plus vastes empires , et subjuguer un monde entier ? Quoiqu'à cet égard les Européens aient fait un usage barbare de leur supériorité , ils n'en ont pas moins prouvé quelle est celle des sciences sur l'ignorance , et l'avantage de la civilisation sur l'état de nature. Il nous reste à parcourir l'Amérique - septentrionale : nous y trouverons même théâtre d'horreurs de la part des Européens, même tyrannie envers leurs esclaves, mêmes cruautés dans la manière de les asservir; mais aussi plus de force d'ame , plus d'énergie dans la défense de la liberté. Nous verrons d'un autre côté des nations entières secouer enfin le joug de leurs oppresseurs , se réunir pour l'intérêt commun, reconquérir la liberté , et la soutenir par ces principes qui en sont inséparables , et sans lesquels ce n'est plus qu'un vain mot, ou un prétexte pour s'affranchir de tous les devoirs.

Fin du tome premier.

TABLE

DES

MATIÈRES

Contenues dans ce volume.

Fin de la table.